珍藏本
纪念版

汉译世界学术名著丛书

伦理学与经济学

〔印度〕阿马蒂亚·森 著

王宇 王文玉 译

商务印书馆
SINCE 1897 The Commercial Press
2017年·北京

Amartya Sen

ON ETHICS & ECONOMICS

汉译世界学术名著丛书
（120年纪念版·珍藏本）
出 版 说 明

2017年2月11日，商务印书馆迎来120岁的生日。120年前，商务印书馆前贤怀揣文化救国的理想，抱持“昌明教育，开启民智”的使命，立足本土，放眼寰宇，以出版为津梁，沟通中西，为中国、为世界提供最富智慧的思想文化成果。无论世事白云苍狗，潮流左右激荡，甚至战火硝烟弥漫，始终践行学术报国之志，无改初心。

迻译世界各国学术名著，即其一端。早在20世纪初年便出版《原富》《天演论》等影响至今的代表性著作，1950年代后更致力于外国哲学和社会科学经典的译介，及至1980年代，辑为“汉译世界学术名著丛书”，汇涓为流，蔚为大观。丛书自1981年开始出版，历时三十余年，迄今已推出七百种，是我国现代出版史上规模最大、最为重要的学术翻译工程。

丛书所选之书，立场观点不囿于一派，学科领域不限于一门，皆为文明开启以来，各时代、各国家、各民族的思想与文化精粹，代表着人类已经到达过的精神境界。丛书系统译介世界学术经典，引领时代思想，为本土原创学术的发展提供丰富的文化滋养，为推动中国现代学术和现代化进程做出了突出的贡献。

为纪念商务印书馆成立120周年，我们整体推出“汉译世界学术名著丛书”120年纪念版的珍藏本，寄望既利于文化积累，又便于研读查考，同时向长期支持丛书出版的译者、编者和读者致以敬意。

两甲子后的今天，商务印书馆又站在了一个新的历史时间节点上。我们不仅要铭记先辈的身影和足迹，更须让我们的步伐充满新的时代精神。这是商务人代代相传的事业，更是与国家和民族的命运始终紧密相连的事业。我们责无旁贷，必须做好我们这代人的传承与创造，让我们的努力和成果不仅凝聚成民族文化的记忆，还能成为后来人可以接续的事业。唯此，才能不负前贤，无愧来者。

商务印书馆编辑部

2017年10月

献给肯·阿罗

目　　录

前言…………………………………………………………………… 1
自序…………………………………………………………………… 6
1　经济行为与道德情操 ……………………………………………… 7
　两个根源 ………………………………………………………… 9
　成就与缺陷………………………………………………………… 13
　经济行为与理性…………………………………………………… 16
　作为一致性的理性………………………………………………… 18
　自利与理性行为…………………………………………………… 20
　亚当·斯密与自利………………………………………………… 27
2　经济判断与道德哲学……………………………………………… 33
　个人之间的效用比较……………………………………………… 33
　帕累托最优与经济效率…………………………………………… 35
　效用、帕累托最优与福利主义 …………………………………… 41
　福利与主观能动…………………………………………………… 43
　评价与价值标准…………………………………………………… 44
　主观能动和福利：区别与相互依赖 ……………………………… 46
　效用与福利………………………………………………………… 48
　成就、自由与权利 ………………………………………………… 50

自利与福利经济学…………………………………………53
权力与自由…………………………………………………57
3 自由与结果…………………………………………………60
福利、主观能动和自由 ……………………………………60
多元性与评价………………………………………………63
不完备性与过度完备性……………………………………67
冲突和僵局…………………………………………………70
权利与结果…………………………………………………72
结果评价与义务……………………………………………75
伦理学与经济学……………………………………………79
福利、目标与选择 …………………………………………80
行为、伦理学与经济学 ……………………………………88

参考文献 ……………………………………………………90
人名索引……………………………………………………123
名词索引……………………………………………………133

前　言

对于那些关心当代经济学与道德哲学之间关系的经济学家、IX
哲学家和政治科学家们来说，这本书可谓是一个思想“宝库”。阿马蒂亚·森教授清晰、通俗、活泼和富有激情的写作远远超出了那些对伦理学与经济学文献的简单综合。在全新的意义上，他阐述了一般均衡经济学能够对道德哲学分析做出的贡献，以及道德哲学和福利经济学能够对主流经济学做出的贡献；并且指出，对自利行为假设（assumption of self-interested behaviour）的滥用已经严重损害了经济分析的性质。

阿马蒂亚·森论证了经济学与伦理学的严重分离，以及这一分离如何铸就了当代经济学的一大缺陷。他令人信服地指出，由于伦理考虑（ethical consideration）影响了人类的实际行为，而影响人类行为正是伦理学的主要任务，因而福利经济考虑（welfare-economic consideration）[①]也就必然影响人类的实际行为，由此可见，福利经济学与现代逻辑经济学（modern logistic economics）是有联系的。但是，正如阿马蒂亚·森所指出的那样，逻辑经济学已经对福利经济学产生了较大的影响，而福利经济学却没有对逻辑

① 伦理考虑中的一个方面。——译者注

经济学产生任何实际影响。

阿马蒂亚·森说明了经济学伦理根源和逻辑根源各自的合理
x 之处，并强调指出，现代经济学所使用的逻辑方法往往是非常有效率的，正是由于广泛地使用了这一方法，现代经济学才较好地解释了社会相互依赖性的本质，并较为清楚地说明了一些实际问题。“一般均衡理论”的发展演变就是一个例子，阿马蒂亚·森说明了它在研究饥饿和饥荒这类重要问题中的实际应用。

阿马蒂亚·森的基本观点是，经济学，正如它已经表现出的那样，可以通过更多、更明确地关注构成人类行为和判断的伦理思考而变得更有解释力。通过简洁的阐述，他分析了可能造成偏离经济理论中标准行为假设（standard behavioural assumptions）的几种性质不同的伦理考虑。这些考虑可能产生于不同的内在价值评价（intrinsic evaluation）与工具价值评价（instrumental evaluation），这些评价可以是个人的，也可以是集体的。阿马蒂亚·森把我们的注意力引向造成这些偏离的不同原因，即这些使当代社会行为的工具作用变得可信赖的原因。这类行为[①]有可能明显地违背个人的占优策略（dominant strategy），因为即使人们没有知识方面的任何缺陷，特定类型的团体—理性条件（group-rationality conditions）也常常会影响人们的实际行为。接下来，阿马蒂亚·森阐述了通过更多地关注伦理学如何能使福利经济学更加充实；在个人和集体行为的确定中，给福利经济学留下更多的空间如何有利于改善经济学的描述、预测和政策；反过来，与经济学更紧密

① 出于工具价值方面的考虑而采取的行为。——译者注

的联系如何能使伦理学的研究受益。

可以理解，虽然阿马蒂亚·森对经济学持有批判的态度，但他并不认为所有这些问题都已经在伦理学的文献中得到了很好的解决，因此，现在的问题不是简单地把伦理学文献中的一些结论移植 XI
到经济学之中。他认为，一些伦理思考可以用经济学正在使用的各种方法进行更加深入的分析（p. 71）。借助于关于权利与结果的现代文献，他证实了这一观点。他指出，如果不把权利仅仅看作具有工具作用的基本法律实体，而是把它当成具有内在价值的基本法律实体，那么这些文献就可能得到更大的丰富和改进。进一步地，对于如何把研究相互依赖性的经济学所使用的典型结果推理应用于权利与结果的形式化分析中，他也提出了系统的建议。

在最初的论述中，阿马蒂亚·森指出，现代伦理学文献的内容远比已进入经济学中的内容更加丰富，是经济学中极为狭隘的自利行为假设，阻碍了它对一些非常有意义的经济关系的关注。主流经济学把理性的人类行为等同于选择的内部一致性（internal consistency of choice），并进而把它等同于自利最大化。但是，正如阿马蒂亚·森所指出的那样，既没有证据表明自利最大化是对人类实际行为的最好近似，也没有证据表明自利最大化必然导致最优的经济条件。[①] 他以自由市场经济为例来说明这个问题，比如在日本，从自利行为向以规则为基础的行为所发生的系统偏离——责任、荣誉和信誉——对于实现个人和集体的经济效率都是极为重要的因素。他指出，如果我们正确地理解了亚当·斯密，

① 帕累托最优。——译者注

那么无论是在伦理学还是在经济学中都不会出现对自利行为的狭隘解释，以及对这一解释的支持和倡导。

正如阿马蒂亚·森所证实的那样，从技术上说，在某种极为有缺陷的条件下，福利经济学才会承认完全依照自利行动假设行事是伦理正当的。但是，到目前为止，这一理论的实践意义仍然非常值得怀疑。他提出了这一分析所依据的“福利主义的”概念的局限
XII 性。通过区别“福利方面”(well-being aspect)(就个人利益而言，一个人的成就和机会)与“主观能动方面”(agency aspect)(就更广泛的目标而言，一个人的成就和机会)，阿马蒂亚·森的分析超越了一个人对单纯自己福利的追求，并得出了更有解释力的结论。阿马蒂亚·森区别了收入分配的公平性与更为广泛的个人或集体价值判断，进而引出了对“多元性和评价”(plurality and evaluation)、“可公度性”(commen surability)、“完备性和一致性”(completeness and consistency)、“不可能定理”(impossibility theorem)以及实证可能性结果和结构特征的讨论。把近年来关于结果主义的哲学文献应用于经济学研究，阿马蒂亚·森论证了这种推理——包括相互依赖性和工具价值计算——不仅可以与内在价值相结合，而且可以与道德评价中的立场相对性和行为主体敏感性相结合。他证明了，在符合实际的假设条件下，一个广泛的逻辑一致分析可以为权利与自由这类基本问题的描述提供一个具有敏感性和稳健性的框架。

阿马蒂亚·森认为，对经济学理论中标准行为假设的偏离——结合自利行为的最主要构成部分——可能产生于个人或集体的内在价值评价和工具价值方面的考虑。这一看法是非常中肯

的，并可以应用于解决标准经济学中因外部性影响（externality）、非市场依赖性（non-market interdenpendence）、对政府的经济政策缺乏信任等因素所导致的效率失败（failure of efficiency）问题。阿马蒂亚·森认为，如果允许对自利行为的偏离进入经济学 XIII 分析的话，那么就应该重新定义或表述解决这些问题的激励。他坚持认为，一个人或者一个团体是否可以被认为在追求某种目标的最大化是相对的，它取决于单个行为主体或团体把什么看作是可适当控制的变量，以及把什么变量视为是可实际操作的手段。当为了追求个人目标而接受了特定社会行为准则的工具价值时，就会造成个人表面上追求的目标与其真实目标之间的模糊性。在这种情况下，互惠必然取得工具意义上的重要性，否则，就很难说明人们的“真正目标”不是对互惠的追求。通过强调行为准则与行为本身应该在经济学中得到更紧密的结合，以及达到这一目标的系统方法，阿马蒂亚·森指出了对不同福利经济准则进行更深入分析的途径。

本书是阿马蒂亚·森根据他 1986 年在加利福尼亚大学伯克利分校洛尔讲座（Royer Lecture）的讲稿写成的，该校经济学系和哲学系的师生们很高兴听到阿马蒂亚·森这样一位真正国际知名的经济学家和哲学家为他们所做的这次讲座。我们相信，读者也会和我们一样感激阿马蒂亚·森教授划时代的贡献，并分享 Rene Olivieri of Basil Blackwell 正式出版此书的恩惠。

约翰·勒蒂奇

自　序

xv　本书是根据我在加利福尼亚大学伯克利分校所做的洛尔讲座的讲稿编写而成的，时间是1986年4月4日至6日。我衷心感谢该校经济系、哲学和政治科学系邀请我做这次讲座。在访问伯克利期间，我受到了热情的款待，该校活跃的学术氛围也给我留下了十分深刻的印象。

在本书的写作准备过程中，我与杰克·勒蒂奇、马尔萨·努斯鲍姆、德里克·帕费特和贝纳德·威廉姆斯进行了讨论。埃尔马·阿戴尔曼、乔治·阿克洛夫、普拉纳比·巴德罕、多纳尔德·戴维森、约翰·哈萨尼、乔斯林·基恩克、萨缪尔·谢弗勒和本杰明·沃德对本书的一些内容进行了评论，讲座现场也有一些热烈的讨论，这些对于本书的编写都有很大帮助。最后，我还要感谢卡洛林·维丝迅速打印出了我的手稿以及埃玛·戴尔丝出色的编辑工作。

阿马蒂亚·森

1　经济行为与道德情操

在一首还不算太拙劣的诗中，本特利（Edmund Clerihew Bentley）这样谈到经济学——曾经一度被称为政治经济学——的一位主要创立者： 1

约翰·斯图亚特·穆勒
凭着坚强的意志
克服了他那天生的温顺
写出了《政治经济学原理》

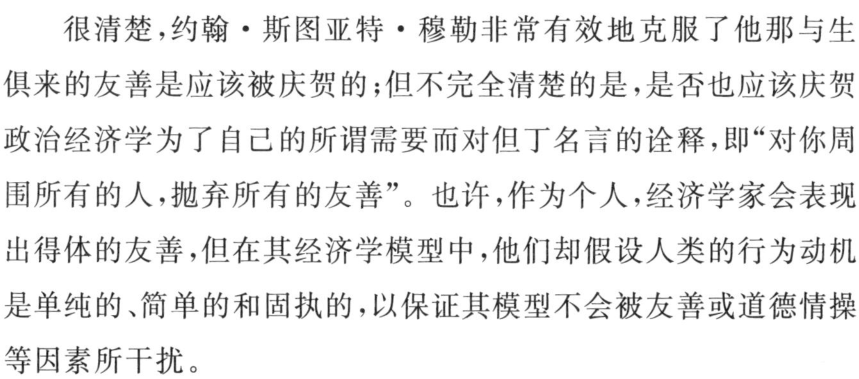

很清楚，约翰·斯图亚特·穆勒非常有效地克服了他那与生俱来的友善是应该被庆贺的；但不完全清楚的是，是否也应该庆贺政治经济学为了自己的所谓需要而对但丁名言的诠释，即“对你周围所有的人，抛弃所有的友善”。也许，作为个人，经济学家会表现出得体的友善，但在其经济学模型中，他们却假设人类的行为动机是单纯的、简单的和固执的，以保证其模型不会被友善或道德情操等因素所干扰。

这种经济学观点显然是相当普遍的（从经济学已经走过的道路来看，也并非没有道理），但是，纵观经济学的发展过程，以如此

狭隘的方式来描述人类行为却是非同寻常的。其不寻常处首先在
2 于，经济学所关注的应该是真实的人。很难相信，由苏格拉底的问题(Socratic question)，即“一个人应该怎样活着?”——这确实是一个问题——所引发的自我反省会对现实生活中的人没有任何影响。正如贝纳德·威廉姆斯(Bernard Williams)(1985)所指出的那样，这一问题对于伦理学来说也是一个发人深省的核心问题。经济学所研究的人真的能够不受这一富有挑战性的问题的影响，并一成不变地恪守现代经济学所给予他们的那种不健全的精明和现实吗?

另一个不寻常之处在于，现代经济学不自然的“无伦理”(non-ethical)特征与现代经济学是作为伦理学的一个分支而发展起来的事实之间存在着矛盾。不仅被尊称为经济学之父的亚当·斯密曾经是格拉斯哥(一个充满实用主义的城市)大学的道德哲学教授，而且在很长一段时间内，经济学曾被认为是伦理学的一个分支。直到不久以前，经济学还是剑桥大学道德科学荣誉考试中的一门课程。这些事实是判断经济学本质的传统实例。事实上，在20世纪30年代，罗宾斯(Lionel Robbins)在其《论经济科学的性质和意义》(*An Essayon the Nature and Significance of Economic Science*)这部极有影响力的著作中就曾经指出:“除了把这两种研究(经济学与伦理学)并列，以其他任何形式把它们结合起来的企图，在逻辑上似乎都是不可能的。”[①]那时，他的这一观点并不为人们所接受，现在却十分走红。

① 罗宾斯(1935，p.148)。当然，罗宾斯充分意识到他的观点与当时流行的看法是不一致的。

两 个 根 源

事实上,我们可以说经济学有两个不同的根源。这二者都与 3
政治学有联系,不过联系的方式却大不相同。一方面经济学可以联系到“伦理学”,另一方面经济学又与我们或许可以称为“工程学”的东西联系在一起。经济学与伦理学的传统联系至少可以追溯到亚里士多德。在《尼各马可伦理学》(*The Nicomachean Ethics*)的开篇,亚里士多德就把经济学与人类行为的目的联系起来,指出了经济学对财富的关注。他把政治学视为“指挥者的艺术”,强调政治学必须使用包括经济学在内的“其他科学”,“再者,因为它用法律规定了我们能做什么与不能做什么,所以这门科学的目的中就必须包含有其他科学的目的,以使这一目的有益于人类”。虽然从表面上看经济学的研究仅仅与人们对财富的追求有直接的关系,但在更深的层次上,经济学的研究还与人们对财富以外的其他目标的追求有关,包括对更基本目标的评价和增进。“挣钱是不得已而为之,财富显然不是我们真正要追求的东西,只是因为它有用或者因为别的什么理由。”①经济学研究最终必须与伦理学研究和政治学研究结合起来,这一观点已经在亚里士多德的《政治学》(*Politics*)中得到了说明和发展。②

① 《尼各马可伦理学》,I.1－I.5;罗斯(Ross)翻译的版本(1980, pp.1－7)。

② 亚里士多德在论述国家在经济活动中的作用时坚决主张:“国家的目的”是“美好生活的普遍促进”〔《政治学》III.IX;巴克尔(Barker)翻译版本(1958,p.117)。也可参见《政治学》,I.VIII－X。〕

因此，经济学研究与伦理学和政治哲学的分离，使它失去了用武之地。在这里，对于经济学来说，有两个中心问题尤为根本：第一个问题是关于人类行为的动机问题，它与“一个人应该怎样活着？”这一广泛的伦理道德问题有关。强调这种联系并不意味着人
4 们总是按照维护传统道德的方式做事，只是表明伦理研究不能完全违背实际的人类行为。我将此称为“伦理相关的动机观”（the ethics-related view of motivation）。

第二个问题是关于社会成就的判断。亚里士多德把社会成就与取得“对个人有益的东西”这一目标联系在一起，并且，他注意到了社会成就判断中的特殊性：“就个人而言，某种目标的实现只是有所值的，但是，对于一个民族或一个国家来说，这一目标的实现可能有更为卓越、神圣的意义。”（《尼各马可伦理学》，I.2；罗斯1980，p.2）我将此称为“伦理相关的社会成就观”（ethics-related view of social achievement），虽然这并不能消除社会成就评价中的随意性缺陷，比如符合“效率”这类评价，但是，它可以使社会成就的评价更富伦理性，而且必须使用更广泛的伦理观点来判断究竟什么是“对个人有益的东西”。在现代经济学，尤其是在现代福利经济学中，这样做是非常有意义的。

经济学有两个根源。其中一个，即经济学与伦理学、政治学中有关伦理观念的联系，为经济学规定了不能逃避的任务。那么，现代经济学是否圆满地完成了这些任务呢？在回答这一问题之前，我必须首先说明经济学的另外一个根源——经济学与“工程学”方法的联系。“工程学”方法的特点是，只关心最基本的逻辑问题，而不关心人类的最终目的是什么，以及什么东西能够培养“人的美

德”或者“一个人应该怎样活着”等这类问题。在这里，人类的目标被直接假定，接下来的任务只是寻求实现这些假设目标的最适宜手段。较为典型的假设是，人类的行为动机总被看作是简单的和易于描述的。

这种“工程学”方法在经济学中的应用来自几个不同的方面，其中包括——正如实际发生的那样——几位应用工程师的贡献，如里昂·瓦尔拉斯(Leon Walras)，一位19世纪的法国经济学家， 5
他对于解决复杂经济关系中的技术问题，尤其是那些与市场功能有联系的问题做出了重大贡献。在经济学的这一传统中还有很多更早期的贡献者。17世纪的经济学家威廉·配第(William Petty)作为数字经济学(numerical economics)的先驱，在其著作中，就有一个清晰的逻辑中心。这与配第对自然科学和机械科学的浓厚兴趣不无关系。

“工程学”方法还与经济学的研究联系在一起，而这一经济学是从治国方略的技术取向分析中演化而来的。的确，在几乎可以被称之为历史上第一部类似“经济学”的书《利论》(*Arthaśāstra*)(梵文，大致意思是“物质繁荣的教诲”)中，逻辑方法在包括经济政策在内的政策论述中就得到了广泛的应用。考蒂利亚(Kautilya)是印度君主，孔雀王朝建立者旃陀罗笈多(Chandragupta)(著名的阿育王[①]的祖父)的顾问和大臣，他写作的时代是公元前14世纪。[②] 这

① 阿育王(? —前238)，印度孔雀王朝的皇帝。——译者注

② 关于《利论》的准确日期是有争议的。现存的版本似乎是几个世纪之后写成的，而且是以第三人称的方式提到考蒂利亚并引用他的观点。英文译本见拉马斯瓦尼(Ramaswamy)(1962)和莎马·萨斯特利(Shama Sastry)(1967)。也可见克里斯赫纳·罗(Krishna Rao)(1979)和西尔(Sil)(1985)。

部著作在第一章中首先对“四个领域的知识”进行了区分，它们依次为：(1)玄学；(2)“对与错”的知识；(3)统治的学问；(4)财富的学问。

6 在论述“村庄的建立”、“土地的分类”、“税收的收缴”、“记账”、“关税”、“外交策略”、“对易受攻击的国家的策略”、“殖民地协定”、“敌对国家中有影响的团体”、“雇用间谍”、“控制官员贪污行为”等极为广泛的现实问题时，他所密切注视的主要是“工程学”方面的问题。在《利论》一书中，他关于人类行为的描述十分简单，与现代经济学一样抛弃了人类的友善特征。在人类行为的分析中，没有从任何更深层的意义上去关注伦理考虑的重要性。总之，在这位与亚里士多德同时代的作家的著作中，既没有出现苏格拉底的问题，也没有出现亚里士多德主义的问题。

就经济学的本质而言，我们不难看出，经济学的伦理学根源和工程学根源都有其自身的合理成分。但是，在这里，我想要说明的是，由“伦理相关的动机观”和“伦理相关的社会成就动机观”所提出的深层问题，应该在现代经济学中占有一席重要地位。与此同时，我们也不能否认，工程学的方法可以对经济学做出重大贡献。事实上，在那些伟大的经济学家的著作中，这两个特征都是可以看到的，只是突出的程度不同而已。一些经济学家更重视伦理学问题，而另一些经济学家则更重视工程学问题。例如，亚当·斯密、约翰·斯图亚特·穆勒(虽然本特利持有异议)、卡尔·马克思和弗朗西斯·埃奇沃思(Francis Edgeworth)等更重视经济学中的伦理问题；而威廉·配第、弗朗西斯·魁奈(Francois Quesnay)、大卫·李嘉图、里昂·瓦尔拉斯、奥古斯丁·古诺(Augustine

Cournot)则更重视经济学中的逻辑和工程问题。

当然,无论哪一类经济学家都不是绝对的,这只是这两种方法如何在经济学中进行平衡的问题。实际上,坚持伦理学方法的许 7
多代表人物,从亚里士多德到亚当·斯密,在坚持伦理推理的同时,都还在密切地关注着工程学方面的问题。

可以说,随着现代经济学的发展,伦理学方法的重要性已经被严重淡化了。被称为"实证经济学"的方法论,不仅在理论分析中回避了规范分析,而且还忽视了人类复杂多样的伦理考虑,而这些伦理考虑是能够影响人类实际行为的。根据研究人类行为的经济学家们的观点,这些复杂的伦理考虑本身就是基本的事实存在,而不是什么规范判断问题。考察一下现代经济学出版物中对这两种方法的不同重视程度,就可以发现经济理论对深层规范分析的回避,以及在对人类行为的实际描述中对伦理考虑的忽视。

成 就 与 缺 陷

我认为,随着现代经济学与伦理学之间隔阂的不断加深,现代经济学已经出现了严重的贫困化现象。[①] 在这里,我将努力分析 8

① 本书的主旨就是要对这一问题的本质进行说明,当然,我并不是说与伦理学日益加深的隔阂是现代经济学陷入困境的唯一主要原因。关于其他类型的问题可参见科尔奈(Kornai)(1971,1985)、沃德(Ward)(1972)、希克斯(Hicks)(1979,1984,1983)、谢林(Schelling)(1978)、埃斯特(Elster)(1978,1979,1983)、哈恩(Hahn)和霍利斯(Hollis)(1979)、西蒙(Simon)(1979)、布劳格(Blaug)(1980)、皮特(Pitt)(1981)、内尔森(Nelson)和温特(Winter)(1982)、阿克洛夫(Akerlof)(1984)、海尔姆(Helm)(1984,1985)、马休斯(Matthews)(1984)、麦克洛斯基(McCloskey)(1985)。有关方法论的问题

这一隔阂的本质，并揭穿它的伪装。为了不被误解，我必须首先澄清以下两点：第一，我无意说“工程学”方法在经济学的应用中没有取得多少进展，相反，我相信它已经获得了相当丰硕的成果。正是由于工程学方法的广泛应用，经济学才可以对很多现实问题提供较好的理解和解释。

不过，即使忽略了伦理方法，这些成果也是可以获得的。因为在经济学中确实存在大量需要关注的逻辑问题，即使在狭隘解释的非伦理人类动机观和行为观的有限形式中，这些逻辑问题也可以在一定程度上得到有效的解决。例如，“一般均衡理论”所研究的是市场关系中的生产和交易活动，在其扩展的内容中就明确提出了只有高级技术分析才可能解决的相互依赖性问题。虽然这些理论通常非常抽象，不仅对制度的描述极为简单，而且对人类行为的看法也非常狭隘，但是它们毕竟使我们对社会相互依赖性本质的理解变得更加容易了，这一点是毫无疑义的。一般来说，这种社会相互依赖关系只是经济学中比较复杂的问题之一，而从这些理论分析中所得出的结论，即便是对于日常生活中的“面包和奶油”问题，也已经被证明是非常有用的。

对现代社会中出现的饥饿和饥荒这一悲惨现实问题原因的分析就可以作为一个实际的例子。在食物的供给能力已经如此之高，并仍在不断提高的情况下，还会有饥荒发生这一事实，就可以通过一般均衡理论所特别关注和强调的社会相互依赖性而得到较

也可参见罗宾逊（Robinson）（1962）、拉特西斯（Latsis）（1976）、拜尔（Bell）和克里斯托（Kristol）（1981）、A. K. 达斯格布塔（A. K. Dasgupta）（1984）、斯蒂德曼（Steedman）和克鲁斯（Krause）（1986）、沃（Woo）（1986）。

好的说明。尤其值得注意的是，这一现象表明，食物供给与饥荒几 9
乎没有任何联系；事实是，通过经济活动中普遍存在的社会相互依赖性，饥荒早已存在于这一经济中的其他地方了〔见阿马蒂亚·森(1981a)〕。

这一例子不仅表明非常抽象的模型也可以有实际用途——一个非常明显的事实；同时，它还强调了，即使是那些回避了伦理考虑的、极为狭隘的行为动机描述，也有助于我们对经济学中许多重要的社会关系本质问题的理解。因此，我并不认为，没有伦理考虑的方法就必定使经济学失效。但是，我想说明的是，经济学，正如它已经表现出的那样，可以通过更多、更明确地关注影响人类行为的伦理学思考而变得更有说服力。我的目的并不是要列举经济学已经取得的成就和正在进行的研究，而是要提出更高的要求。

第二点，需要澄清的是，由经济学与伦理学之间不断加深的隔阂所造成的损失具有两面性。到目前为止，我只指出了因忽视“伦理相关的动机观”和“伦理相关的社会成就观”而给经济学所带来的损失，关于这一损失，我还要在本章的后面，以及此后的两章中进行更加详细和深入的探讨。在这里，我还要说明的是，在经济学经常使用的一些标准方法中，尤其是经济学中的“工程学”方法，也是可以用于现代伦理学研究的。因此，我认为，经济学与伦理学的分离，对于伦理学来说也是一件非常不幸的事情。

前面所提到的亚里士多德主义的问题，的确是一个值得经济学家们认真思考的重要问题，但是，我们也不能由此忽略，亚里士
多德在伦理学和政治学的更加广泛意义上而论及的经济学作用 10

(《尼各马可伦理学》第I卷)。经济学问题本身就可能是极为重要的伦理学问题,包括苏格拉底的疑问:"一个人应该怎样活着?"

事实上,经济学不仅能够直接帮助我们更好地理解伦理学问题的本质,而且还具有方法论上的意义。经济学在研究社会的相互依赖性时所使用的方法,即使不涉及经济变量,对于研究复杂的伦理学问题也是十分重要的。

最近几年,一批道德哲学家已经开始强调——在我看来——许多考虑的内在重要性,这些功利考虑在主流伦理学学派中往往被视为只具有工具价值。但是,即使我们接受这一内在重要性,对工具分析(instrumental analysis)和结果分析(consequential analysis)的需求也不会减少。这是因为,重要的内在变量还有着影响其他内在重要事情的工具作用。事实上,正是通过对复杂的相互依赖关系的研究,经济学推理受到"工程学"方法的影响才取得了非常实质性的进展。在这方面,伦理学完全可以从经济学所使用的推理方法中获得一些有益的东西。后面的第三讲,在讨论结果分析的本质和重要性时,我们还有机会继续探讨这一问题。

经济行为与理性

在本章余下的篇幅中,我将主要讲述经济行为和动机问题。
11 "理性行为"(rational behaviour)假设在现代经济学中具有十分重要的作用。在这里,人类被假设能够理性地行事,并且,根据这一特殊的假设,描述理性行为的特征与描述实际行为是完全不同的两回事。

由于以理性行为这一概念作为“媒介”来解决实际行为预测问题是否有意义仍有争议，因而这里就存在一个相当根本性的问题：即使标准经济学关于理性行为的描述被认为是正确的，从而被人们普遍接受，也不一定意味着由此就可以肯定，人们一定会实际地按照它所描述的理性行为行事。因为沿着这条道路走下去，我们会遇到种种显而易见的困难，尤为明显的是，我们都会犯错误，我们常常要做实验，我们有时会感到困惑等等。这个世界的确是由哈姆雷特、麦克白、李尔王和奥赛罗等组成的。冷静的理性范例充满了我们的教科书，但是，现实世界却更为丰富多彩。

现代经济学把理性行为等同于实际行为很容易招致公众的批评，事实上，这样的批评已经大量出现。[①] 在为把理性行为等同于实际行为这一假设进行辩护时，也许有人会说，这一假设可能会导致一些错误，但问题在于，其他任何非理性的特殊类型的假设可能会导致更多的错误。这是一个更深层次的问题，我暂且不论，在本讲的后面，我还会再回到这一问题上来。

在继续下面的分析之前，还需要做两点准备。第一，一种理性
观会承认其他行为模式，在这种情况下，即使最终目标和约束条件
被充分认定，理性行为假设自身也不足以把握某些“必需的”实际
行为。第二，必须把理性行为等同于实际行为（无论理性行为如何 12
定义）的问题与理性行为的内容问题加以区别，这两个问题虽有联
系，但它们之间的差别还是相当大的。正如前面所指出的那样，在

① 其中最为突出的是赫希曼（Hirschman）（1970，1982）、科尔奈（1971）、西托弗斯基（Scitovsky）（1976）、西蒙（1979）、埃斯特（1983）、谢林（1984）、斯蒂德曼和克鲁斯（1986）。

标准经济学分析中，这两个特征实际上是作为一种补充的方式被使用的。通过一个共生的过程，这二者都被用于描述人类实际行为的特性：(1)把理性行为等同于实际行为；(2)以一种相当狭隘的方式限定理性行为的性质。

作为一致性的理性

在标准经济学中，人们是如何描述理性行为的呢？一般来说，在主流经济学中，定义理性行为的方法主要有两种。第一种方法是把理性视为选择的内部一致性（internal consistency of choice）；第二种方法是把理性等同于**自利最大化**（maximization of self-interest）。

我们首先讨论第一种方法。一致性的要求并不是一成不变的，但标准的一致性要求——直接或间接地——关系到它是否能够把实际选择的集合解释为根据某种二元关系最大化的结果。在某些形式中，只需要一个有限的二元性，而在其他的形式中则要求选择函数完全可以用一个二元关系来表示——里克特（Richter）(1971)把它称为“可理性化”（rationalizability）。在更严格的形式中，这一二元关系还必须充分满足传递性（transitivity），再苛刻一
13 些则要求它能够用一个数字函数来表示，该函数就是所研究的人试图最大化的函数。[①]

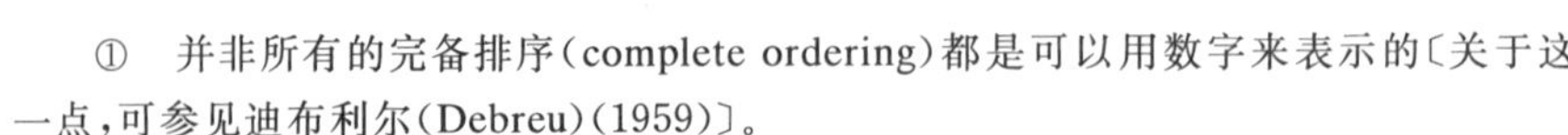

① 并非所有的完备排序（complete ordering）都是可以用数字来表示的〔关于这一点，可参见迪布利尔（Debreu）(1959)〕。

在这里，我并不准备深入分析内部一致性不同条件之间的差别，也不准备详细探究一些看起来好像明显不同的一致性条件的实际和谐程度。[①] 然而，无论这些条件是什么，都难以令人相信内部一致性自身就是理性的充分条件。如果一个人所做的事情恰好违背他所要追求的东西，而且始终如一地这样做，即满足内部一致性（选择的行为总是恰好阻碍他希望或重视的事情发生），无论这呆板的一致性能够博得旁观者多么诧异的赞美，这个人也不会被认为是有理性的。关于一个人希望得到什么与他如何达到这一目标这二者之间的一致性，理性选择必须具备一些最起码的要求。[②]
可以说，理性行为必须要求一定的一致性（正如我将在第三讲中所 14
要阐述的那样，这一问题远比人们通常所认识到的更为复杂），但
是，一致性自身并不是理性行为的**充分条件**。

我曾试图说明，[③]就连**纯粹内部**一致性的概念也是不可信的。

① 我曾在两篇文章中探讨过这些关系之间的联系，见阿马蒂亚·森（1971，1977a）。也可参见汉森（Hansson）（1968）、里克特（1971）、赫兹伯格（Herzberger）（1973）、费西伯恩（Fishburn）（1974）、凯尔利（Kelly）（1978）、苏阻莫拉（Suzumura）（1983）、埃泽曼（Aizerman）（1985）、施瓦兹（Schwartz）（1986）等。

② 当然，有些人可能认为理性行为所要求的条件远比这更多，但是，不会有人认为理性行为所要求的条件会比这更少。也许可以说，我们力求取得的东西应该满足一定的理性评价准则〔关于这一点，可参见布鲁米（Broome）（1978），帕费特（Parfit）（1984）和阿马蒂亚·森（1985e）〕。这样，一个纯粹"工具的"理性概念就相当充分了。但是，即使接受这一观点，选择的"工具"作用无论如何也应该被接受。被称为"一致理性"（correspondence rationality）——选择和目的等的一致——必须是理性行为的一个必要条件，无论它是否是充分的。也就是说，无论"一致理性"是否必须由对人们关于一个人应该渴望什么、重视什么或追求什么这类问题的内省〔称为"内省理性"（reflection rationality），见阿马蒂亚·森（1985e）〕的理性要求来补充。

③ 1984年计量经济学会主席演讲，题目是"一致性"，刊登在《计量经济学》上〔阿马蒂亚·森（1984e）〕。

这是因为，在已经观察到的选择所构成的集合中，我们是否认为这些选择具有一致性，不仅取决于我们对这些选择的*解释*，而且还取决于这些选择的某些外部条件（如我们的偏好、目的、价值观和动机）。我的这一“极端”看法无论能否为大家所接受，内部一致性——无论怎样定义——自身都不能成为为个人理性进行辩护的*有效工具*。

这里我要附带说明，在某些文献中，由于选择了具有迷惑性的词语，从而使得“理性即为一致性”这一观点看似真实了。当选择具有一致性时，潜伏在选择背后的二元关系曾经被描述为人的“效用函数”（utility function），从而一个人可以顺理成章地被视为最大化这一“效用函数”了。但是，这并没有增加任何新的东西，尤其是，它丝毫也没有说明这个人试图最大化的到底是什么。称这个二元关系为一个人的“效用函数”并没有在独立确定的意义上（如幸福或欲望满足）告诉我们，这个人试图最大化的实际上就是他的效用。

自利与理性行为

15 现在，我转向定义理性的第二种方法——自利最大化。事实上，这一定义所基于的正是这样一个要求，即一个人所做出的选择与这个人的自利之间存在着*外部*一致性。这种观点肯定可以经得起针对内部一致性理性观的那些批判。理性的自利解释有着非常悠久的历史，在好几个世纪中，它一直是主流经济学的核心特征。

这种理性观的问题也存在于其他地方。为什么一个人只有追求自己的个人利益并拒绝除此之外的其他任何东西才是**唯一的**有理性的呢？当然，如果说自利最大化不是非理性的行为可能还有一定的合理之处，至少不是完全荒谬的；但是，如果说除了自利最大化以外的其他任何行为都一定是非理性的，恐怕就很少有人能够接受了。

自利理性观(self-interest view of rationality)意味着对“伦理相关”动机观的断然拒绝。然而，尽自己的最大努力实现自己追求的东西却只能是理性的一部分，而且这其中还可能包括对非自利目标的促进，那些非自利目标也可能是我们认为有价值的或愿意追求的目标。把任何偏离自利最大化的行为都看成是非理性行为，就意味着拒绝伦理考虑在实际决策中的作用〔不是某种被称为“伦理利己主义”(ethical egoism)的外来道德观或别的什么道德观[①]〕。

要想使“**实际**行为必定是自利最大化行为”这一命题得以成立，用理性概念作为媒介在方法论上是极不恰当的。的确，说人们 16
总是**现实**地追求他们的自利最大化要比说**理性**要求他们必须追求自利最大化要少一些荒谬。把所有人都自私看成是**现实**的可能是一个错误；但把所有人都自私看成是**理性**的要求则非常愚蠢。如果最终目的只是为了在经济学理论关于**实际**行为的详细说明中，为自利最大化假设提供一个合理的例子的话，那么，把自利最大化行为等同于理性，进而再把实际行为等同于理性行为，这一复杂的

① 关于“伦理自利主义”的不同表述的批判研究，见贝纳德·威廉姆斯(1985，pp.11－15)。

过程似乎起了完全相反的作用。试图用理性要求来维护经济理论中的标准行为假设(即实际的自利最大化)就如同领着一队骑兵去攻击一只跛足的驴。

让我们暂且忘记理性。作为实际行为的一种描述,自利最大化会是怎样的一个假设呢?追求个人利益的所谓经济人是否是对人类行为的最好近似呢?退一步说,仅就经济活动而言,它是否提供了对人类行为的最好近似呢?理性行为假设的确是经济学中的
17 标准假设,而且这种观点不乏支持者。[①] 例如,1981 年,乔治・施蒂格勒在其题为“经济学还是伦理学?”的唐纳讲座(Tanner Lecture)中就曾经明确地为这种观点辩护,他说:“在我们生活的世界上,有理性,并掌握充分信息的人们,在机智地追求着他们的自利。”(p.190)

① 对此曾经发生过多次不同观点的争论,并提出了各种可供选择的构想,见阿马蒂亚・森(1966,1973a,1974,1977c)、赫希曼(1970,1977,1982,1984,1985)、内格尔(Nagel)(1970)、科尔奈(1971)、霍利斯和内尔(Nell)(1975)、利本斯登(Leibenstein)(1976)、西托弗斯基(1976,1985)、贝尔(Baier)(1977)、赫斯克(Hirsch)(1977)、乌尔曼-马格里特(Ullman-Margalit)(1977)、布鲁米(1978)、克拉德(Collard)(1978)、罗斯-阿克曼(Rose-Ackerman)(1978)、谢林(1978,1984)、王(1978)、埃斯特(1979,1983)、霍利斯(1979,1981)、麦加姆达(Majumdar)(1980)、帕塔奈克(Pattanaik)(1980)、索罗(Solow)(1980)、温斯顿(Winston)(1980)、戴克(Dyke)(1981)、普特曼(Putterman)(1981,1986)、范德温(Van der Veen)(1981)、阿克洛夫和狄更斯(Dickens)(1982)、麦克弗尔森(McPherson)(1982,1984)、马格利斯(Margolis)(1982)、阿克洛夫(1983,1984)、道格拉斯(Douglas)(1983)、辛第斯(Hindess)(1983)、弗罗赫里克(Frohlick)和奥本海默(Oppenheimer)(1984)、乔治(George)(1984)、海尔姆(1984a)、帕费特(1984)、希克(Schick)(1984)、戴维森(Davidson)(1985a)、迪万(Diwan)和鲁兹(Lutz)(1985)、富兰克(Frank)(1985)、赫斯克莱弗尔(Hirschleifer)(1985)、斯考特(Schotter)(1985)、斯蒂德曼和克鲁斯(1986)。可以公正地说,虽然人们提出了这些(和其他的)批评,但是纯粹的自利行为假设仍然是经济学中的标准假设,它提供了主流经济学理论和政策分析的行为基础,并且还是在讲坛上向学生传授经济学知识的出发点。

施蒂格勒为这一信念所提供的证据似乎主要限于他本人的预测：

> 当自利与伦理价值的口头忠诚发生冲突时，如果让我来预测关于行为的系统与广泛的试验结果，那么，在很多情况下，事实上，是在绝大多数情况下，自利理论（我沿着亚当·斯密的思路解释）将会获胜。①

施蒂格勒并没有给出他所做出的这一预测的理论依据，只是说明他相信这一结果“是由经济学家们发现的，不仅在广泛的经济现象中，而且在关于婚姻、生育、犯罪、宗教及其他社会行为中都广为流行”（p. 176）。尽管理论家们提出了这些迷人的主张，但在实际中，无论是在经济生活中，还是在诸如婚姻关系、宗教行为等这类事务中都很少对这类预测的结果进行经验性检验。② 也就是说，为信念辩护的理论很多，而实际证据却很少。自利理论“将获胜”这一说法所依据的只是某种推理，而不是经验性证明。 18

有些时候，假设自利行为假设所依据的只是这一假设的预期结果——这一假设会导致有效率的结果。像日本那样的一些自由

① 施蒂格勒（1981, p. 176）。接下来，施蒂格勒指出：“效用最大化假设是……难以检验的，这不是因为它自身的模糊性，而是因为不存在普遍公认的伦理信念载体作为实验对象，以用于检验这一假设的一致性。”（pp. 189 - 190）但是，人们可以争辩说，如果在“效用最大化的假设”中不存在模糊性，就应该能够做出偏离这一假设（向他人利益方向的偏离）的检验。而且，在检验效用最大化假设（如果不存在模糊性）是否正确时，也没有必要把它与特定的伦理信念载体进行比较。

② 见贝克尔（Becker）（1976, 1981）、波斯纳（Posner）（1977, 1980）、格罗斯伯德（Grossbard）（1980）、拉德尼兹基（Radnitzsky）和伯恩霍尔兹（Bernholz）（1985）。

市场经济在生产效率方面所取得的成功曾经被当作是自利理论的证据。但是，一个自由市场经济的成功根本不可能告诉我们，在这样的经济中，潜伏在经济行为主体背后的行为动机到底是什么。事实上，在日本这一案例中，有大量的经验证据表明，责任感、忠诚和友善这些偏离自利行为的伦理考虑在其工业成功中发挥了十分重要的作用。[①] 正如莫里西马(Michio Morishima)(1982)所说的那样，“日本的民族精神”很难被归到任何一个简单的自利行为的
19 理论体系之中(即使把施蒂格勒所说的间接影响也考虑在内)。的确，我们看到了经济行为理论的全面发展，这些发展应该归功于对具有不同价值观念的社会所进行的比较研究〔罗纳德·多雷(Ronald Dore')1984年所指出的“工业化成功的儒家思想的秘诀”是这类理论中的一个重要例子〕。[②]

需要说明的是，否认人们总是唯一地按照自利的方式做事，并不意味着人们总是不自私地做事，说自利行为在大量的日常决策中不起主要作用肯定是荒诞的。事实上，如果不是自利在我们的选择中起了决定性的作用，正常的经济交易活动就会停止〔见阿马蒂亚·森(1983b)〕。真正的问题应该在于，是否存在着动机的多

① 在日本，遵守规则的行为不仅可以在经济活动中观察到，而且在其他社会活动领域中也是如此。例如，与同样富裕的其他国家相比，日本人很少乱丢垃圾，很少争论，只有少量的律师，犯罪率较低。

② 在这一领域，进化论的洞察力是非常重要的，关于这一点，可参见希克斯(1969)、赫斯克莱弗尔(1977，1985)、古哈(Guha)(1981)、斯考特(1981，1985)、内尔森(Nelson)和温特(Winter)(1982)、海尔姆(1984a)、马休斯(1984)。生物学方面的文献，可参见梅纳德·史密斯(Maynard Smith)(1982)、道金斯(Dawkins)(1976，1982)、威尔逊(Wilson)(1978，1980)。认识到进化过程的复杂性之后，就必须对关于厂商利润最大化的简单的自然选择观点〔可参见弗里德曼(Friedman)(1953)〕进行重大修正。

元性，或者说，自利是否能成为人类行为的唯一动机。

第二点需要说明的是，自利和某种周全考虑之间并不存在着必然的矛盾。“利己主义”(egoism)和“功利主义”(utilitarianism)之间的传统两分法〔见赛德威克(Sidgwich)(1874)、埃奇沃思(Edgeworth)(1881)〕存在着几个方面的误导性。其中之一是，个人与总体之间的中介——如阶级、党派、职业团体——带来了涉及 20
委托行为的一些问题。一个团体的成员之间可能会有部分的一致性和部分的利益冲突。一方面，基于对团体的忠诚而采取的行动可能会牺牲某些方面的纯粹个人利益；而在另外一些方面，个人利益则可以由此得到更大的满足。这二者之间的相对平衡不是固定不变的。在有压力集团(pressure groups)说服人们为了所有成员的共同利益而做出让步的情况下，一致性因素就会占主导地位。[①]在这种情况下，许多游说者也有可能为了集体的“目标”而愿意牺牲某些个人利益。在其他关系中，如在许多家庭的义务关系中，愿意做出牺牲的可能性会更大一些。[②] 自利行为与非自利行为的结合是团体忠诚的一个重要特征。这种结合可以在各种团体组织中

---

① 例如，见阿曼恩(Aumann)和库尔兹(Kurz)(1977)、贝克尔(1983)、林德贝克(Lindbeck)(1985)。也可见弗雷(Frey)(1983)。

② 在许多社会形态中，传统的家庭关系需要一些成员的不对称牺牲，比如妇女。这些传统的延续常常是因为接受了一种特殊类型的“伦理”。在这一伦理中，生活标准的总体不平等是不能被接受的。在有些情况下，这种伦理观念是不自觉地被认识到并表现出来的。在理解传统社会中的性别偏见时，知觉是关键。并且，对传统道德的伦理挑战还需要一些理论上的讨论。我曾试图对这些相互联系的事实和道德问题进行探讨，主要依据的是印度的情况，见阿马蒂亚·森(1984a,1985b,1985f)；也可见基恩克(Kynch)和阿马蒂亚·森(1983)。

看到，从家族和党派关系到贸易组织和经济利益集团。[①]

21 在讨论自利行为问题时，区分以下两个不同性质的问题是非常重要的。第一，人们**在实际中**是否唯一地按照自利的方式行事；第二，如果人们唯一地按照自利的方式行事，他们能否取得某种特定意义上的成功，比如这样一种或者那样一种的效率。[②] 这两个
22 问题都与亚当·斯密有关。[③] 人们常常引用亚当·斯密关于自利行为的普遍性和有效性的观点。事实上，并没有证据表明他相信这两个命题中的任何一个。这一问题之所以值得讨论，一是因为亚当·斯密在经济学的历史渊源中占有中心地位；二是因为他关于这一问题的论述具有启蒙意义和实际用途。

---

① 所谓的"日本民族精神"〔莫里西马(1982)、贝纳德·多雷(1983)〕所反映的仅仅是团体忠诚的一个特例。在不同的经济活动中，只要是涉及几个人的团队行动，这种忠诚都或多或少地存在。

② 在经济学中，效率的两个主要定义是：(1)"技术效率"，指要增加某种产品的产量就必须减少另外一种产品的产量(把要素视为负的产品)的状态；(2)"经济效率"，也称帕累托最优，指不使一部分人的境况变坏就无法使另一部分人的境况变好的资源配置状态。在第二章中，我将对"经济效率"这一概念做出进一步的批判性分析。

③ 后者是里库克(Leacock)的一首欢快的五行滑稽诗的主题：

"亚当，亚当，亚当·斯密
听我如何控诉你！
在某日的课堂里
你不是曾说
自私毋庸置疑？
在所有教条中，这是精髓，
不是吗，不是吗，不是吗，斯密？"

(Stiphen Leacock，Hellements of Hickonomics，纽约：Dodd，Mead & Co.，1936，p. 75)。

我非常感谢罗斯托(Elspeth Rostow)教授，他把我的注意力引导到对亚当·斯密的一个普通解释的这一生动描述上。

亚当·斯密与自利

乔治·施蒂格勒那脍炙人口的散文"国家之船上亚当·斯密的旅行"是从对亚当·斯密的解释开始的。亚当·斯密曾经说过"虽然共有的精明(prudence)这一原理并不能总是指导每一个人个人的行为,但它总是影响着每一阶级或阶层中的大多数"。乔治·施蒂格勒把这一观点解释为"自利主导着大多数的人"[①],事实上,把"精明"等同于"自利"是不准确的。正如亚当·斯密在《道德情操论》(*Theory of Moral Sentiments*)中所说明的那样,精明是"理性和理解力"的"结合",而"自制"(self-command)则不是〔亚当·斯密(1790),p.189〕。"自制"这一概念是亚当·斯密从古希腊斯多葛主义者(Stoics)那里拿来的,[②]它与"自利"或亚当·斯密所谓的"自爱"(self-love)毫无相同之处。

的确,亚当·斯密对"道德情操"理解的斯多葛主义根源还清楚地说明,为什么同情心和自律在亚当·斯密的善行概念中起着那么重要的作用。[③] 正如亚当·斯密本人所指出的那样,"根据斯多葛学派的理论,人们不应该把自己看作某一离群索居的、孤立的个人,而应该把自己看成是世界中的一个公民,是自然界巨大国民

① 施蒂格勒(1975,p.237);着重号是我加上去的。

② 关于斯多葛思想家对亚当·斯密的影响见拉菲尔(Raphael)和麦克菲(Macfie)(1976,pp.5－11)。当然,亚当·斯密(1790)本人也曾多次提到过关于斯多葛主义的文献。

③ 关于自律,特别是情感抑制在斯多葛派伦理观中的重要性,可参见努斯鲍姆(Nussbaum)(1986b)。

总体中的一个成员”，而且，“为了这个大团体的利益，人们应当随
23 时心甘情愿地牺牲自己的微小利益”(p.140)。即使精明超越了自利最大化，亚当·斯密认为它也只是“最有利于个人的美德之一”，而“人道、公正、慷慨大方和热心公益是最有益于他人的品质”〔亚当·斯密(1790)，p.189〕。

一个值得研究并具有教育意义的问题是，在拥护亚当·斯密关于自利以及自利成就的经济学家们的著作中，亚当·斯密所倡导的“精明”(包括“自制”)之外的“同情心”为什么不见了呢？正如亚当·斯密所看到的，也是任何一个人都能看到的那样，我们大多数人的行为的确是受自利引导的，其中一些行为也的确产生了良好的效果。亚当·斯密主义者一再引用的一段话是：“我们每天所需要的食物和饮料，不是出自屠户、酿酒家和面包师的恩惠，而是出于他们自利的打算。我们不说唤起他们利他心的话，而说唤起他们利己心的话，我们不说我们自己需要，而说对他们有好处”〔亚当·斯密(1776)，pp. 26－27〕。

由此看来，亚当·斯密的众多崇拜者还没有能够超越亚当·斯密所讲述的关于屠夫和酿酒师的故事。其实，将这一段话认真读一遍就不难发现，亚当·斯密在这里所要强调的是，在市场中，正常的交易活动为什么会发生；如何被完成；以及这段话所在的那一章的主题：为什么会有分工，劳动分工是如何形成的。亚当·斯密强调了互惠贸易的普遍性，但这并不表明，他就由此认为，对于
24 一个美好的社会来说，仅有自爱或广义解释的精明就足够了。亚当·斯密恰恰明确地站到了另外一边，他并没有满足于把经济拯救建立在某种单一的动机之上。

事实上，亚当·斯密曾经指责伊壁鸠鲁(Epicurus)试图把美

德视为精明，并且，他利用这一机会斥责某些“哲学家们”试图把所有事情都简化为某种单一的美德：

> 通过把各种美德都归结为一种行为规范，伊壁鸠鲁纵容了一种倾向，这种倾向对所有人都是自然的，但是，哲学家特别钟爱于培养这种倾向，并以此作为证实自己的聪明才智的手段，这就是用尽可能少的原理来说明一切表面现象的倾向。
>
> 〔亚当·斯密(1790)，p. 299〕

具有讽刺意味的是，亚当·斯密本人却被他的狂热崇拜者赋予了这种“特别的钟爱”，他被其崇拜者尊为自利的“宗师”(与他实际所提倡的正好相反)。[①]

亚当·斯密所提到的“自爱”与埃奇沃思有一定的相同之处。埃奇沃思认为，“经济计算”与伦理评价是截然不同的，经济计算尤其与以下两种特别的活动有关，即“战争与合约”。[②] 埃奇沃思所提到的合约与亚当·斯密所提到的贸易当然是非常相似的，因为贸易发生的基础是互惠(明显的或隐含的)的合约。但是，在经济学之内和经济学之外还有许多其他活动，在这些活动中，简单的自利追求并不是伟大的拯救者。况且，亚当·斯密在他的任何一部 25

① 我曾在“亚当·斯密的精明”一文中指出了这一曲解的本质，见阿马蒂亚·森(1986b)。也可见温切(Winch)(1978)及布莱奈恩(Brennan)和洛马斯基(Lomasky)(1986)。有关的东西，还可参见霍兰德(Hollander)(1983)、拉菲尔(1985)、斯金纳(Skinner)和威尔逊(1975)、罗森伯格(Rosenberg)(1984)。

② 埃奇沃思(1881，p. 52)。作为一个功利主义者，埃奇沃思仅仅把功利主义作为一种可能的伦理方法，但是，在他关于“自利计算”的论述与他关于“伦理计算”的论述之间却存在着显而易见的矛盾。见克拉德(1975)。

著作中都没有对自利的追求赋予一般意义上的优势。人们对自利行为的拥护有着特定的时代背景，尤其是当不同时代的政府所制定的贸易政策影响了贸易和生产发展的时候。①

亚当·斯密的经济分析被广泛曲解并导致严重后果，不仅存在于饥饿和饥荒这一领域。饥荒问题只是间接地与利润动机发挥作用的领域有关。亚当·斯密指出，虽然人们常常把饥荒归罪于商人，但实际上并不是他们造成的，饥荒常常是所谓“真正稀缺”〔亚当·斯密(1776)，p. 526〕的后果。尽管斯密反对压抑和限制贸易活动，但是这并不意味着他也反对政府采取一些帮助穷人的措施。亚当·斯密与马尔萨斯不同，他不反对《济贫法》(Poor Laws)，
26 虽然他认为《济贫法》中关于受益人的一些限制性法规会引起混乱，从而不利于生产，但他并不反对这一法律本身(pp. 152－154)。

另外，在《国民财富的性质和原因的研究》一书中，亚当·斯密还指出，饥荒可能产生于市场机制的运作过程之中，而不是产生于由食品产量下降所导致的“真正稀缺”。②

> 在指定用来维持劳动力生存的资金显著减少的国家里，情形似乎就截然不同了。每年各种职业所需要的雇工和劳动

① 亚当·斯密明确强调了他所关注的许多事情的时代性。的确，亚当·斯密似乎非常担心其理论的时间性会被误解。事实上，在《国民财富的性质和原因的研究》第三版的“广告”中，主要内容几乎都是为了声明他所提到的“事情的当前状态”的时间性：“下述著作的第一版是于1775年年末1776年年初印刷的。贯穿本书的大部分，当提到事情的当前状态时，应理解为相对于我写作本书的时间，这些事情在当时或更早一些时间的状态。关于这本书的第三版，我做了几处补充……在所有这些补充中，**事情的当前状态**是指它们在1783年和1784年年初的状态。”(in the edition of Campbell and Skinner, Smith 1776, p. 8)

② 亚当·斯密关于饥荒原因的复杂性，见阿马蒂亚·森(1986a)。

者都比前一年少。许多不能在上等职业中找到工作的上等阶级，也想在下等的职业中找工作。这样，在最下等职业中，就不但有了超过需求的最下等劳动者，而且还有过多的从其他各阶级纷纷拥入的人。结果，职业的竞争变得非常激烈，以致把劳动力工资降低到极悲惨、极贫困的生活水准。而且，即使忍受这些苛刻条件，还是有许多人找不到工作。这些人，要么饿死，要么沦为乞丐，不然也许只有靠罪大恶极的勾当才能获得生存所必须的生活资料。接着，穷困、饥饿和死亡等灾祸就落到最下等的劳动者身上，最后波及所有上等阶级。

〔亚当·斯密(1776)，pp.90－91〕

在亚当·斯密的这一分析中，通过一个自身毫无控制能力的过程，把人们引向饥饿和饥荒。当饥荒发生时，比如在爱尔兰、印度和中国，亚当·斯密的观点被帝国主义统治者引证并作为拒绝介入的正当理由。但是，这丝毫也不能说明，在亚当·斯密关于社会政策的伦理观中，是把援助穷人的政府干预政策排除在外的，虽然他曾明确地表示反对限制贸易，但他关于失业和低工资是产生饥荒原因的观点，表明了他对公共政策的不同看法。① 27

① 我们可以说，一个人之所以不能获得足够的食物，要么归因于"拉动缺陷"(pull failure)(例如，因为失业或工资降低而造成的收入水平下降)，要么归因于"反应缺陷"(response failure)(例如，由于贸易者操纵了市场，为了取得巨额利润进行垄断经营，从而使市场需求不能得到有效的满足)。从亚当·斯密关于饥荒的分析中，我们可以清楚地看到，他不反对饥荒产生于"拉动缺陷"的可能性，但他拒绝"反应缺陷"的可信性。因此，可以说，真正的"斯密"主义反饥荒政策的内容不是不采取行动，而是增加贫困者提高收入的机会，让市场对贫困者增加的收入做出反应。这一分析对现在正在发生的有关政策性争论来说是非常有意义的。斯密还提出了更具生产导向性的政策(不只是食物，也可以是其他可用于交换食物的商品)而不是单纯的救济。如果我们所

在现代经济学的发展中，对亚当·斯密关于人类行为动机与市场复杂性的曲解，以及对他关于道德情操与行为伦理分析的忽视，恰好与在现代经济学发展中所出现的经济学与伦理学之间的
28 分离相吻合。亚当·斯密的确在互惠交易和劳动分工价值的分析中做出了开创性的贡献，这些贡献与缺乏友善和伦理的人类行为[①]是完全一致的，人们大量引用的恰恰是亚当·斯密著作中关于这一部分的内容。而亚当·斯密著作中关于经济和社会的其他部分，包括他对悲惨现实的关注、他所强调的同情心、伦理考虑在人类行为中的作用，尤其是行为规范的使用，却被人们忽略了，因为这些思想在现代经济学中已经变得不时髦了。

如果对亚当·斯密的著作进行系统的、无偏见的阅读与理解，自利行为的信奉者和鼓吹者是无法从那里找到依据的。实际上，道德哲学家和先驱经济学家们并没有提倡一种精神分裂症式的生活，是现代经济学把亚当·斯密关于人类行为的看法狭隘化了，从而铸就了当代经济理论上的一个主要缺陷，经济学的贫困化主要是由于经济学与伦理学的分离而造成的。在第三章中，我还要进一步分析这个问题。

这一分离的另一个后果是严重削弱了福利经济学自身，这将是第二章的主题。

关注的仅仅是短期救济，这一分析则提供了应更多地在正常工作和生活中实施资金救济并在市场中增加食物供给的理由，而不是由政府草率地用建立难民营的方法来解决难民和食品问题。在判断这些政策的优劣时，亚当·斯密的分析是十分中肯的，也是非常重要的。1986 年我在一篇文章〔阿马蒂亚·森(1986a)〕中也曾讨论过这些政策选择，以及亚当·斯密的经济分析对有关争论的意义。

① 如纯粹的生产和交易行为。——译者注

2　经济判断与道德哲学

在现代经济理论中，福利经济学的地位一直都是相当不稳定 29
的。在古典政治经济学中本来就不存在福利经济学与其他经济学研究的严格界限，后来，随着对在经济学中所使用的伦理学的怀疑不断增加，福利经济学变得越来越不明朗了。长期以来，它被随意地塞进一个狭窄盒子之中，与经济学的其他部分相分离。由于人类实际行动被假定为仅仅是对自利的追求，而不受其他任何伦理思想或福利经济学判断的影响，预测经济学的发现可以影响福利经济学；福利经济学的思想却很难影响预测经济学，因此，福利经济学与其他经济学的主要联系方式一直是单向的。例如，有关工人对工资激励反馈的理论可以用来对工资政策或最优税收政策等进行福利经济学分析；而福利经济学的思想却不能影响工人的行为，从而也就不能解决激励问题本身。从某种意义上讲，福利经济学就像天体物理学中的一个“黑洞”——它可以吸纳一切物质，却不能提供任何东西。

个人之间的效用比较

现代福利经济学的标准定理是建立在一个结合体上的，这一 30

结合体包含两方面的内容：一是追求自利的行为假设；二是一些以效用为基础的社会成就判断准则。事实上，传统福利经济学准则曾经是简单效用主义者的准则，即判断成功与否的依据是效用总和，除此之外，其他任何东西都不具有内在价值。由于离开了伦理分析，这些理论显得非常肤浅和狭隘。在 19 世纪 30 年代，个人之间的效用比较（personal comparison of utility）受到了以罗宾斯（1935，1938）为代表的一些学者的激烈批评，从此，福利经济学走上了更为狭窄的道路。

由于一些莫明其妙的原因，个人之间的效用比较在那时被认为是“规范的”或“伦理的”。[①] 当然，也可以由此说，个人之间的效用比较是没有意思的，或者完全没有意义的。我发现这是一个容
31 易理解，却难以接受的命题。[②] 如果这个命题能够成立的话，那

① 这一观点之所以能够流行起来，或许是因为罗宾斯（1935，1938）的大力提倡。比如，他曾经说过：“交易理论无论如何都不会假设必须比较我花 6 美元买面包得到的满足程度与面包师得到这 6 美元的满足程度。因为这一比较完全是不同质的东西的比较……它涉及对传统习惯的价值判断。所以，这一比较在本质上是规范性的。”（pp. 138－139）我们可以说，罗宾斯更想说明的是，我们根本不可能科学地进行个人之间的效用比较。这实际上是“规范的”或“伦理的”这一命题的逆命题。关于个人效用的“规范性”比较（尤其是它对一些特定的“规范”或什么是“美德”的价值观念的依赖），可见阿马蒂亚·森（1982a，论文 12 和 19）。

② 关于这个问题，见哈萨尼（Harsanyi）（1955）、格拉夫（Graaff）（1957）、李图（Little）（1957）、苏佩斯（Suppes）（1966，1969）、范布莱格（Van Praag）（1968，1971，1978）、杰弗里（Jeffrey）（1971）、范布莱格和卡普泰恩（Kapteyn）（1973）、哈蒙德（Hammond）（1977）、黄有光（Ng）（1979）、阿马蒂亚·森（1979c）、哈里（Hare）（1981）、格里芬（Griffin）（1982）、苏阻莫拉（1983）、卡尼克（Kaneko）（1984）、诺兹克（Nozick）（1985）、戴维森（1986）、纪伯德（Gibbard）（1986）。个人之间的可比性并非意味着要么是完全可比的，要么是完全不可比的。个人之间部分可比性的各种设想及其解释可参见阿马蒂亚·森（1970a，1970b）、布莱克贝（Blackorby）（1975）、芬尼（Fine）（1975a）、巴苏（Basu）

么，甲比乙更幸福这一判断就没有意义，这是伦理的无意义（ethical nonsense），正如叙述的无意义（descriptive nonsense）一样。我猜想，把“无意义的”（meaningless），或者“没有意思的”（nonsensical）直接等同于“伦理的”，这种奇怪的表述可能反映了经济学家们看待伦理学的方式。由于逻辑实证分析主义者们坚持这种非常狭窄的“意义”观（足以导致哲学自身的混乱），再加上经济学家们在其“后院”肆意制造的一些含糊其辞，引起了福利经济学的全面混乱。实证主义哲学家们将一切伦理学的命题都看作是无意义的或没有意思的，无疑是大错而特错了，但是，即便是这些哲学家们也不曾说过所有无意义的命题都是伦理学的。

帕累托最优与经济效率

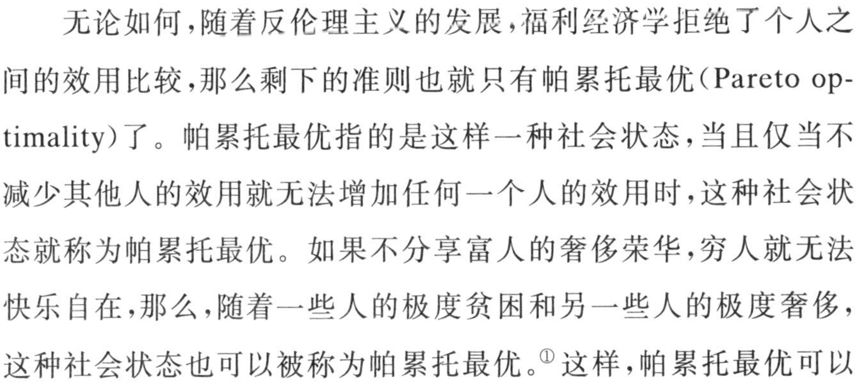

无论如何，随着反伦理主义的发展，福利经济学拒绝了个人之间的效用比较，那么剩下的准则也就只有帕累托最优（Pareto optimality）了。帕累托最优指的是这样一种社会状态，当且仅当不
减少其他人的效用就无法增加任何一个人的效用时，这种社会状 32
态就称为帕累托最优。如果不分享富人的奢侈荣华，穷人就无法快乐自在，那么，随着一些人的极度贫困和另一些人的极度奢侈，这种社会状态也可以被称为帕累托最优。[①]这样，帕累托最优可以

(1979)、贝赛姆宾德（Bezembinder）和范阿克（Van Acker）(1986)。还可参阅莱维（Levi）(1974)关于“不确定概率”（indeterminate probabilities）的可比性问题。

① 然而，近些年，与不平等的规范分析相联系的收入分配问题重新受到了众多学者的关注。尤其是阿特金森（Atkinson）(1970，1975，1983)。也可参阅费希尔（Fisher）

像"恺撒的精神"(Caesar's spirit)那样,"从地狱到天堂"。

帕累托最优有时也被称为"经济效率"。从一定意义上讲,这种称谓是恰当的,因为帕累托最优所涉及的仅仅是效用范围内的
33 效率,而不重视效用分配方面的考虑;然而,在另一面,这一术语又是不幸的,因为这里分析的焦点仍然是效用,这是早期效用主义传统留下的遗产。当然,在判断一个人的成功和一个社会的成功时,

---

(1956),艾格纳尔(Aigner)和海恩(Heins)(1967),泰伊尔(Theil)(1967),考尔姆(Kolm)(1969,1976),本赛尔(Bentzel)(1970),纽伯利(Newbery)(1970),丁伯根(Tinbergen)(1970),佩恩(Pen)(1971),谢辛斯基(Sheshinski)(1972),达斯格布塔、阿马蒂亚·森和斯塔利特(Starrett)(1973),罗斯希尔德(Rothschild)和斯蒂格利茨(Stiglitz)(1973),阿马蒂亚·森(1973b,1976b,1982a),缪尔鲍尔(Muellbauer)(1974,1978),布莱克贝和唐纳尔森(Donaldson)(1977,1978,1984),哈蒙德(1976b,1977,1978),米德(Meade)(1976),米赫兰(Mehran)(1976),皮亚特(Pyatt)(1976,1985),巴特克利亚(Bhattacharya)和查特吉(Chatterjee)(1977),考维尔(Cowell)(1977),格拉夫(1977),汉森(1977),菲尔兹(Fields)和费(Fei)(1978),科恩(Kern)(1978),阿切波尔德(Archibald)和唐纳尔森(1979),布尔吉根(Bourguignon)(1979),杜塔(Dutta)(1980),狄顿(Deaton)和缪尔鲍尔(1980),卡克瓦尼(Kakwani)(1980b,1981,1986),罗伯茨(Roberts)(1980c),肖罗克斯(Shorrocks)(1980,1983,1984),奈格德(Nygard)和桑德斯多姆(Sandstrom)(1981),阿特金森和布尔吉根(1982),布劳德(Broder)和莫里斯(Morris)(1982),穆克赫尔基(Mookherjee)和肖罗克(1982),奥斯曼尼(Osmani)(1982),阿南德(Anand)(1983),艾科恩(Eichorn)和戈利格(Gehrig)(1983),乔根生(Jorgenson)和斯莱斯尼克(Slesnick)(1984a,b),勒格兰德(Le grand)(1984),埃伯特(Ebert)(1985),李布莱顿(Le Breton),特拉诺伊(Trannoy)和乌利亚特(Uriarte)(1985),肖罗克斯和福斯特(Foster)(1985),福斯特(1986),坎伯尔(Kanbur)和斯多姆伯格(Stromberg)(1986),马索尼(Maasoumi)(1986),泰姆金(Temkin)(1986)等。另外,还有一些讲座研究贫困度量的文献,这些文献主要关注的是实践中的不平等评价问题,可参见阿马蒂亚·森(1976a,1981a,1982a),阿南德(1977,1983),泰勒(Taylor)(1977),阿鲁瓦利亚(Ahluwalia)(1978),杜塔(Dutta)(1978),哈马达(Hamada)和塔卡亚马(Takayama)(1978),塔卡亚马(1979),托恩(Thon)(1979),布莱克贝和唐纳尔森(1980),菲尔兹(1980),卡克瓦尼(Kakwani)(1980a,b,1986),奥斯曼尼(1982),库恩杜(Kundu)和史密斯(1983),福斯特、格瑞尔(Greer)和托尔伯克(Thorbecke)(1984),查克拉瓦蒂(Chakravarty)(1983a,b),福斯特(1984),利普顿(Lipton)(1985),比格曼(Bigman)(1986),赛德尔(Seidl)(1986)。

也可能会引入其他考虑〔见罗尔斯(1971,1980,1982)〕。并且,帕累托最优所代表的效率仅仅是基于效用的计算。下面我会继续说明这一问题,现在我们继续讲福利经济学被狭窄化的故事。[①]

在为福利经济学所限定的狭窄范围内,由于帕累托最优成为判断的唯一准则,追求自利的行为成为经济选择的唯一基础,所以 34
说某种事情在福利经济学中有意义的场合也就越来越少了。[②] 不

① 在不引进个人之间效用比较的情况下,拓展帕累托主义福利经济学的一种方法是使用一个"补偿检验"(compensation test)。有人建议,如果受益者可以充分补偿受损者,那么,我们就可以说帕累托社会改进的机会是存在的〔见卡尔多(Kaldor)(1939)和希克斯(1939)〕。不过,还有人指出,这样的社会改进准则会导致不一致性〔见西托弗斯基(1941),萨缪尔森(1950),戈尔曼(Gorman)(1955)〕。但是,不一致性只是补偿准则所具有的一个问题。与这一问题有关,一个更根本性的困难可能是,为什么仅仅存在补偿受损者的可能性就可以说实现了一种社会改进了呢?虽然这些补偿实际上并没有支付给受损者。这里所说的受损者是指境况比原来有所下降的人和境况本来就是社会中最差的人。告诉这些人有可能充分地补偿他们,但实际上并没有这么做("我的上帝!"),这样对他们来说又会有多大安慰呢?再说,如果受损者确实得到了补偿,那么,补偿后的总体结果就是一个帕累托改进,还有必要用补偿检验来补充帕累托准则吗?因此,补偿准则要么是不可靠的,要么是多余的。不实际进行个人之间的收入分配比较,帕累托准则就不可能被扩展到包括收入分配的判断〔见李图(1957),费尔普斯(1973),米德(1976),黄有光(1979)〕。

② 阿罗不可能性定理〔阿罗(1955a,1963)〕曾经尖锐地指出,由于把个人偏好综合成满足一致性和完备性的社会偏好,因而要消除个人之间的效用比较是不可能的。继阿罗之后,出现了大量文献致力于研究阿罗这一理论的意义,探讨了避免不可能性的方法,从而扩展了阿罗的不可能性定理,并研究了与此有关的理论观点。这方面研究所涉及的问题,可参见汉森(1968)、阿马蒂亚·森(1980a,1986e)、帕塔奈克(1971,1978)、费西伯恩(1973)、布鲁恩(Brown)(1976)、波拉克(Pollak)(1979)、普劳特(Plott)(1976)、戈廷哥(Gottinger)和莱恩菲尔纳(Leinfellner)(1978)、凯尔利(1978)、波拉克(1979)、布莱尔(Blair)和波拉克(1983)、奇契尔尼斯基(Chichilnisky)和希尔(Heal)(1983)、莫林(Moulin)(1983)、帕塔奈克和萨利斯(Salles)(1983)、苏阻莫拉(1983)、杜迈特(Dummett)(1984)、佩雷格(Peleg)(1984)、赫雷(Hurley)(1985b)、尼茨安(Nitzan)和帕鲁什(Paroush)(1985)、埃斯特和海兰德(Hylland)(1986)、施瓦兹(1986)等。

过，在这块小小的阵地上，还存在着一个重要的定理，即所谓“福利经济学基本定理”（Fundmental Theorem of Welfare Economics），这一定理将完全竞争条件下的市场均衡结果与帕累托最优联系起来了。它说明，在一定条件下（尤其是不存在“外部性影响”，即不存在独立于市场之外的相互依赖性），每一个完全竞争的均衡都是帕累托最优的；[1]在另外一些条件（尤其是不存在规模经济）下，每一个帕累托最优的社会状态也都是相对于某一价格组合（和某种资源的初始分配）的一个完全竞争均衡状态。[2][3] 这是一个非常了不起的结论，这一定理深刻地描述了价格机制运行的规
35 律，清晰地说明了建立在人们追求自利基础上的贸易、生产和消费的互惠本质。通过这一定理及相关理论把市场机制中有关的主要经济关系都解释清楚了。

尽管有着普遍的重要性，但福利经济学基本定理的伦理内容却是相当中肯的。由于帕累托最优准则是评价社会成就的一个极有局限的方法，而一定条件下完全竞争的均衡是帕累托最优的一个组成部分，因此，它也是有局限的。该命题的逆命题，即每一个帕累托最优状态都是对应于某种资源初始分配的一个完全竞争均衡，也许会更有吸引力。这是因为它使得下面的假设成为合理的命题，即由于最好的状态必须**至少**是帕累托最优，因此一个最好的

① 此为福利经济学第一基本定理。——译者注

② 此为福利经济学第二基本定理。——译者注

③ 见阿罗（1951b）、德布利（1959）和麦肯齐（McKenzie）（1959）。还可见麦林福德（Malinvaud）（1961）。一个出色的一般分析见阿罗和哈恩（1971）。这一结果及有关结果对福利经济学各个分支的意义，可参见黄有光（1979）、鲍德威（Boadway）和布鲁斯（Bruce）（1984）。

状态也必定可以通过完全竞争的市场机制来实现。在这里，借助资源的分配来补充帕累托准则的各种方法都曾被考虑过〔可参见费希尔（1956）、李图（1957）、费希尔 和罗森伯格（Rothenberg）（1961）、考尔姆（1969）、菲尔普斯（1873，1977）、米德（1976）、阿马蒂亚·森（1976b）、哈蒙德（1978）、黄有光（1979）、罗伯茨（1980b）、阿特金森 和布尔吉根（1982）、奥斯曼尼（1982）、阿特金森（1983）、乔根生和斯莱斯尼克（1984a，1984b）、雅里（Yaari）和巴－希利尔（Bar-Hilell）（1984）、马索尼（1986）〕。[①]

然而，把福利经济学第二定理应用于实际的公共行动是十分 36
困难的。[②] 主要困难在于，要计算实现帕累托最优所要求的资源

① 借助财产权的分配补充帕累托最优准则的一个重要的方法涉及“公平”准则。在这里，公平的意思是指，任何一个人都不会嫉妒另一个人的消费组合。到目前为止，已有大量的文献使用这一公平准则〔见弗雷（Foly）（1967），施梅德勒（Schmeidler）和温德（Vind）（1972），费尔德曼（Feldman）和科曼（Kirman）（1974），帕兹纳（Pazner）和施梅德勒（1974），瓦利安（Varian）（1974，1975），斯文森（Svensson）（1977，1985），菲尔德曼（1980），苏阻莫拉（1983）等〕。值得注意的是，不嫉妒并不意味着福利平等，这是因为，福利比较是对个人所处的环境的比较，而不是个人对环境理解的比较。上述公平准则没有考虑到个人之间福利函数的差异。在这里，令 $W_1(x)$ 和 $W_2(x)$ 分别代表 A 和 B 两个人的福利函数，x_1 和 x_2 分别是这两个人的消费组合，假设 $W_1(x_2)>W_1(x_1)>W_2(x_2)>W_2(x_1)$，那么，虽然 B 的福利水平比 A 的福利水平低，但 A 却嫉妒 B 的消费组合，而 B 并不嫉妒 A 的消费组合；另外，假设 $W_1(x_1)>W_1(x_2)>W_2(x_2)>W_2(x_1)$，则 B 的福利明显比 A 的福利差，但两边却都完全满足“无嫉妒”条件。由于经济上的不幸常常与福利函数的差异联系在一起，而这种差异则是由能力上的差别、疾病、年龄、社会歧视等因素造成的，因此，上述公平准则的公平性是非常值得怀疑的。

② 最明显的问题是，这一定理所要求的条件必须得到满足，如不存在外部性影响和规模报酬递增（特殊类型例外）等。近些年，由于越来越清楚地认识到环境和自然资源的重要性，传统资源配置模式的缺陷已经越来越明显地暴露出来了〔见鲍姆（Bohm）和克尼斯（Kneese）（1971），梅勒（Mäler）（1974），达斯格布塔和希尔（1979），达斯格布塔（1982a）〕。

初始分配，就需要获得相应的市场信息；而由于私人没有披露这些信息的激励，因此要得到这些信息是非常困难的。尽管竞争的市场机制自身保证了社会信息的传递，提供了单个行为主体决策所需要的信息（在初始分配被给定的条件下），但是，关于进行所有权初始分配的公共决策所需要的信息却很难通过一个简单的机制就轻易获得。①

在初始资源被给定的条件下，从自利的行为假设出发，市场机
37 制为每一个行为主体都提供了良好的选择激励，但是，却不存在一个可以与之相匹配的机制，即通过这一机制能够提供人们自愿披露信息的激励，而这些信息是从诸多的帕累托最优状态中进行选择所必需的，也是确定适当的初始分配所必需的。常见的分散化资源配置机制对于获得必要的背景信息也没有用处，因为它们发挥作用的基础是由不同行为主体所组成的“团队”，而分配决策则涉及一些行为主体与另一些行为主体的利益冲突。所以，建立在“福利经济学第二基本定理”基础上的能够为真实行为提供解释的依据也是相当有限的。

另外一个问题是，即使能够获得这样的信息，“福利经济学第

① 最近，“福利经济学基本定理”已经扩展到了公共物品，即一个人的消费不减少另外一个人的消费的这些物品〔例如，不拥挤的公共停车场。见格林（Green）和拉冯特（Laffont）（1979）、格罗夫斯（Groves）和勒德亚德（Ledyard）（1977）、达斯格布塔、哈蒙德和马斯金（Maskin）（1979）〕。这是一个杰出的成就，但也必须认识到，这类结果存在一个与帕累托效率准则十分类似的问题，即选择适当资源初始分配的公共决策所需要的信息问题。有关分析可见纪伯德（1973）、萨特斯维特（Satterthwaite）（1975）、帕塔奈克（1978）、施梅德勒和索嫩沙伊恩（Sonnenschein）（1978）、拉冯特（1979）、莫林（1983）、佩雷格（1984）。

二基本定理”的实际应用还要求资源再分配在政治上的可行性，而这一资源再分配是实现社会最优状态所必需的。再者，即便必要的财富转移总量可以被计算出来，并且在经济上也是可行的，但在处理像财产所有权的剧烈变革这类具有根本性的问题时，政治上的可行性仍然至关重要。为市场机制辩护的保守主义经济学家们
常常祈求于“福利经济学第二基本定理”，由于这一定理的应用意 38
味着，在市场机制发挥作用之前必须首先进行生产资料所有权的转移，因此这一定理只有在作为某种“革命手册”时才有可能具有实际用途。如果根本性的财产所有权再分配不能够发生，那么，总体社会最优的帕累托改进，就必须借助“福利经济学第二基本定理”之外的某种混合机制才能够实现。

效用、帕累托最优与福利主义

关于“福利经济学基本定理”的意义还有一点需要澄清。关于总体社会最优必须是帕累托最优的理论基础是，如果某一种变化有利于每一个人，那么对于这个社会来说它就必定是一个好的变化。在一定意义上讲，这一概念是正确的，但是要明确地把效用与利益区分开来却是不容易的。相反，如果利益被解释为效用之外的其他东西，那么，帕累托最优——用个人效用来定义——不仅不是总体社会最优的充分条件，甚至连**必要**条件也不是。

由此可见，帕累托最优在福利经济学中的神圣地位是与功利主义在传统福利经济学中的神圣地位（在个人之间的效用可比性问题提出之前）密切地联系在一起的。如果撇开个人之间的效用

可比性，并且把效用当作是唯一具有内在价值的东西的话，那么，帕累托最优将是自然生存的准则。这是因为，只要不实际进行个人之间的效用比较，它就必然符合功利主义者的逻辑。事实上，当
39 功利主义准则与完全不可比的效用结合时，将得出一个明确的部分社会排序，而且这一部分排序与用帕累托准则得出的社会排序完全一致，这一点很容易得到证明。[①]

可以说，作为一种道德准则，功利主义是以下三个基本条件的结合：

1．“福利主义”(welfarism)，要求事物状态的好坏程度仅仅是与这一状态有关的效用的函数；

2．“总和排序”(sum-ranking)，要求对有关任何一种状态的效用评价只能通过观察这一状态所包含的效用总和来进行；

3．“结果主义”(consequentialism)，要求每一个选择，包括行为、制度、动机和规则等，最终由结果的好坏来决定。

就其自身而言，可以说帕累托准则抓住了福利主义特殊性的一面，即个人效用的一致性排序对于总体社会排序来说一定是充分的。[②] 事实上，帕累托准则的政策效应大大超越了福利主义，并且包含了结果主义。因为行动、制度等选择都要求满足帕累托最

---

① 这些命题及有关命题可以在阿马蒂亚·森(1970a)第七章中找到。也可见布莱克贝和唐纳德森(1977)、魏特曼(Wittman)(1984)。

② 事实上，把帕累托准则与阿罗独立条件(Arrow's independence conditions)和无约束域(unrestricted domain)的结合，应用于一个有或没有个人之间效用比较的模型之中，就可以有效地推导出福利主义〔见古哈(1972)、布劳(Blau)(1976)、戴斯布里蒙特(d'Aspremont)和葛威尔(Gevers)(1977)、戴斯查姆普斯(Deschamps)和葛威尔(1978)、阿马蒂亚·森(1977b，1979a)、葛威尔(1979)、罗伯茨(1980a)、戴斯布里蒙特(1985)〕。

优准则，由此可见，结果主义虽然是隐含的，但却是必不可少的。

暂时撇开帕累托最优的地位问题，现在我就福利主义的可接 40
受性做一些说明。[①] 福利主义是这样一种观点，即在对事物状态的伦理考虑和评价中，唯一具有内在价值的东西是个人效用。[②]

福利与主观能动

对于福利主义，尤其是福利主义把效用当作价值唯一源泉的观点，我们可以进行两种不同性质的批判，而区分这两种不同的批判是有用的。第一种批判是，效用至多是个人福利的反映，一个人的成就并不能仅仅根据个人的福利来判断（即使社会成就判断所
依据的是有选择权的个人成就）。对于特定目标的促进或特定事 41

① 见阿马蒂亚·森（1970a，1979b）、贝纳德·威廉姆斯（1973a，1981）、斯坎龙（Scanlon）（1975，1982）、布鲁米（1978）、狄沃尔金（Dworkin）（1978，1981）、斯罗特（Slote）（1983，1985）、帕费特（1984）、戈西尔（Gauthier）（1986）等。

② 效用的定义方法可以有许多种〔见拉姆赛（Ramsey）（1931）、庇古（Pigou）（1952）、哈萨尼（1955）、戈斯林（Gosling）（1969）、斯塔尔（Starr）（1973）、哈里（1981）、格里芬（1982，1986）、哈蒙德（1982）、米尔利斯（Mirrlees）（1982）〕。功利主义理论的丰富性与效用定义的多样性有着密切的联系。主张以效用为基础进行伦理评价的学者企图重新定义"效用"这一术语，以使其能涵盖所有我们认为有价值的东西。但是，对以效用为基础伦理评价所做出的这一辩护只不过是一种没有意义的重复，并没有对这方面的研究增加什么新的东西。然而，"效用"可以作为代表福利的一种方便的速写符号，而不代表对幸福程度或欲望的满足程度的度量〔可参见哈蒙德（1982）〕，正是以这种广义的形式，效用术语已经被广泛地用于"社会福利函数"（social welfare functionals）理论中各种福利准则的推导〔例如，见阿马蒂亚·森（1970a，1977b），哈蒙德（1976a），斯特拉斯尼克（Strasnick）（1976），阿罗（1977），戴斯布里蒙特和葛威尔（1977），戴斯查姆普斯（Deschamps）和葛威尔（1978），马斯金（1978），葛威尔（1979），罗伯茨（1980a），梅尔森（Myerson）（1983），布莱克贝、唐纳尔森和魏马克（1984），戴斯布里蒙特（1985）〕。

件的发生来说,一个人可能是重要的,虽然其重要性并不能用他的福利成就来反映,即使能够反映,也仅仅是他们各自的目标。第二种批判是,关于福利主义把个人福利仅仅看成效用,而无视其他意义上的个人福利这一做法是有争议的。我首先分析第一种观点。

在 1985 年的一篇文章〔阿马蒂亚·森(1985a)〕中,我曾试图证明,在伦理学的研究中,人这一概念具有基本的和不可约减的“二元性”。我们可以就一个人的主观能动方面来看这个人,认识和关注他建立目标、承担义务、实现价值等的能力;我们也可以就福利方面来看这个人,这方面也需要引起我们注意。但是,这一“两面性”在纯粹自利动机的模型中却完全消失了,在那里,一个人的主观能动完全出自他对自己福利的考虑。不过,一旦自利动机这一束缚被解除,我们就可以看到以下一个无可争议的事实,即一个人的主观能动不是——至少不完全是——由他个人的福利考虑来启动的。

评价与价值标准

也许有人会提出这样的疑问:为每一个人的主观能动都赋予重要性,是否意味着接受了“主观主义者”的伦理观呢?一个人所重视和希望获得的无论是什么东西都必定被认为是有价值的,其原因就在于他重视它。但是,事实上,关于客观性的争论〔在众多贡献者中,可参见斯坎龙(1975)、麦基(Mackie)(1978)、内格尔(1980,1986)、麦克道尔(McDowell)(1981,1985)、赫雷(1985a,1985b)、阿马蒂亚·森(1985a,1986f)、威金斯(Wiggins)(1985)、贝纳德·威廉姆斯(1985)〕并没有因为强调主观能动的重要性而得以平息。

之所以如此,有两个不同的理由。第一,赋予每个人的主观能 42
动以重要性并不意味着无条件地认为个人偶尔重视的任何东西都是有价值的,即使是有价值,也不会像特定的某个个人所评价的那么大。对主观能动的重视是指,应当超越个人的福利,深入到他的价值观和信仰等因素中去,但评价价值观和信仰等因素的必要性却不会因为这一适度超越而消失。主观能动可以被看作是重要的(不仅在福利的追求中具有工具意义上的重要性,而且还具有内在价值),这会留下如何评价主观能动问题的空间。在1985年的一篇文章〔阿马蒂亚·森(1985a)〕中,我曾经试图说明,虽然"个人主观能动的发挥,从某种意义上讲,是需要他自己做出判断的事情",但是"认真评价目的、目标、忠诚等的必要性,以及认真评价美德概念的必要性仍然是十分重要的和不可或缺的"(p.203)。客观性问题与对这种"认真评价"的解释有关。

第二,类似的情况是,客观主义的亚伦理观(ojectivist second-order view of ethics)可以与实体论伦理学(substantive ethics)共存,实体论伦理学不仅包括有价值的目标,而且还包括人们获取他们认为是有价值的东西的**能力**。就此而论,**获取**(或具有获取的能力)一个人认为是有价值的东西,并不等同于那些可能被**认为**是有价值的东西,如幸福、福利、自由,尤其不同的是,**获取**[①]也可以进入客观主义的价值函数,并且与进入这一价值函数的其他目标完

① 指成功地做某件事的行动和能力,而不是行动的目标。——译者注

全相同。这一基本问题必须与被评价目标的性质区分开。一个建立在客观基础之上的理论体系应该关注人们实际上重视的是什么东西，以及他们获取这些东西的能力。[①]

主观能动和福利：区别与相互依赖

43 认识到一个人的“主观能动方面”与“福利方面”之间的区别并不意味着我们就由此认为，他作为一个行为主体所取得的成功与其在福利方面的成功没有任何关系，或者是完全分离的两回事。一个人可能会因为成功地获得了他所希望得到的东西而深感幸福，而他之所以希望得到这种东西也许只是为了他的家庭、他的社区、他的阶级、他的党派或者其他什么原因；反之，一个人如果没有能够成功地获取他所希望取得的东西，他就会因这一失败而深感福利下降，虽然这些成功与他自己的福利并没有直接的联系。因此，要求一个人的主观能动方面完全独立于其福利方面是毫无道理的。与此相反，我甚至认为，更有可能出现的情况是，它们中间任何一个发生变化都会影响到另一个。然而，问题的关键还不是它们之间表面上的相互**依赖性**，而是它们之间有**区别**的联系。这两个变量可能以这样的方式联系着，即不改变其中的一个就无法改变另一个。但是这并不意味着它们是同一个变量，或者可以取共同的值，或者能够通过某种简单的变换，就可以从一个变量的取

① 在《福利、主观能动和自由》一书的引言（和其他文章）中，我曾对这一问题进行了更深入的分析。该书是我的杜威讲座（Deway Lecture）讲稿，由布莱克韦尔和哥伦比亚大学出版社出版。

值得到另一个变量的取值。

主观能动成就的重要性不完全取决于这一成就所间接导致的福利增加。例如，一个人为了自己国家的独立而艰苦奋斗，当独立实现了的时候，他就会为此而感到无比的幸福。在这里，主要的成就是民族独立，对这一成就的幸福感只是诸多结果中的一个。虽 44
然为这一成就感到幸福是十分自然而然的事情，但这一成就中所包含的内容绝非仅仅是对这一成就的幸福感。因此，我们可以说，主观能动方面的成就与福利方面的成就，都有各自不同的重要性，它们可能会偶然地相互联系起来，不过这并不意味着它们没有各自的特殊重要性。只要以效用为基础的福利主义计算所关注的仅仅是一个人的福利，[①]而忽视一个人的主观能动方面，或者说未能

① 效用虽然通常被解释为福利，但是，把它看成是一个人主观能动的反映或许会更确切一些。就效用的"幸福"或"苦乐"解释来说，这些观点也许是难以接受的，就效用的"欲望满足"解释来说，这些观点也同样很难接受。但是，效用的"选择"解释也许能够提供一些更直接的见解，这一解释可以把选择当作发挥主观能动的理由，而不必联系到福利。当然，这并不是关于效用选择解释的普遍看法(例如，"揭示的偏好"理论)。的确，在典型的功利主义理论中，由于选择与福利之间的所谓一致性，因而选择被认为是非常重要的。离开标准的观点，可以说，效用的选择解释也许会使以效用为基础的计算与主观能动之间的联系，比其与福利之间的联系更加密切，这样就可以根据主观能动的重要性来确定"效用"的价值。然而，由于主观能动方面要求对价值观进行认真的评价，因而把任何选择都当作是有价值的主观能动反映是不能充分令人信服的。再者，个人目标的促进并不能完全说明主观能动的重要性，选择函数的数字显示及其最大化同样也是不可能的。我们也许需要运用与此不同的方法才能说明主观能动的重要性〔见阿马蒂亚·森(1982b，1983c)和第三章〕，不过，这一观点倒可以作为对各种以效用为基础的伦理评价的基础。当然，只要用效用来代表主观能动，它就不能同时代表福利，因此，在实体论伦理学中，它对福利与主观能动的二元性把握，也就不必依赖以效用为基础——无论如何解释——的计算可能性。同样，存在于成就与自由之间的二元性，在以效用为基础的计算这一"一元论"的框架中也无法得到充分的说明。一个效用数字所能包含的信息内容——无论如何解释——总是十分有限的。

45 实际地区别主观能动方面与福利方面，那么一些具有真实重要性的东西就会被丢失。

效 用 与 福 利

福利主义的第二个困难来自效用所提供的关于福利的特殊解释。唯一地根据对幸福程度或欲望满足程度的度量来判断一个人的福利明显是有局限的，在个人之间的福利比较中，这些局限性尤为有害。这是因为，幸福程度所反映的是一个人能够期望得到的是什么，以及他的社会“地位”如何，而这些都是与其他人相比较而言的。曾经有过不幸经历的人往往会有非常少的机会、非常小的希望，与那些曾经生活在幸运和顺利环境中的人相比，他们更容易满足于清贫的生活。可是，幸福程度的衡量尺度也许会以某种特定的方式来扭曲清贫的程度。没有希望的乞丐、无依靠且无土地的劳动者、受压迫的家庭妇女、长期失业者和过度疲惫的苦力会因得到一点小小的恩惠而感到快乐，并设法为生存需要去承受更大的痛苦和压力，但是，因为他们的生存策略而在伦理上轻视他们福利损失的做法是非常错误的。同样的问题也会伴随着对效用的其
46 他解释而出现，比如欲望的满足。由于绝望的贫困者缺乏渴望得到更多幸福的勇气，因而以欲望满足作为评价标准会人为降低他们的贫困程度。

意外环境会影响效用的衡量尺度，这一特殊问题只不过是一个更基本的问题的反映，即在关于一个人福利的判断中，幸福程度或欲望满足程度准则是不充分的。福利最终是一个价值评价问

题，幸福和欲望的满足对于一个人的福利来说也许是十分有价值的，但是，它们各自甚至结合起来，都不能充分地反映福利的大小。[①] “幸福感”甚至不是对某种事情进行评价的活动，而“欲望”至多也只是评价的结果。在福利的评价中，我们还必须对价值评价的必要性有更直接的认识。

因此，可以说，那种认为效用是价值唯一源泉的观点，实质是把效用等价于福利。我们可以从以下两个方面对这一观点进行批判：

1.福利并不是唯一有价值的东西；

2.效用并不能充分地代表福利。 47

在伦理判断中，只要我们所关注的仅仅是人的成就，效用方面的成就就可能是十分片面的、不充分的和具有误导性的。[②]

---

① 在阿马蒂亚·森(1980,1985a)中，我曾分析过这些问题，同时我还探讨了另外一种福利的概念，即把福利看作是获得有价值的机能(functionings)的能力。这一方法是从亚当·斯密(1776,1790)、卡尔·马克思(1844,1875,1883)和更早期的亚里士多德〔见努斯鲍姆(1986c)〕的思想发展过来的，它涉及福利衡量方面的一些问题。这些理论虽然有一定的难度，但其困难并不是不能克服的〔见阿马蒂亚·森(1985b)〕。这一福利观点不仅对福利经济学，而且对生活标准、不公平、性别歧视和社会正义都具有十分重要的意义〔见阿马蒂亚·森(1980a,1982a,1983d,1984a,1984b,1985b,1985c,1985f,1986e)；还可见阿马蒂亚·森等(1987)与哈特(Keith Hart)、杰弗里·哈色恩(Geoffrey Hawthorn)、坎伯尔、约翰·缪勒鲍尔和贝纳德·威廉姆斯的讨论〕。

② 这里，我没有对效用的选择解释进行更加明确的说明。当我们关注个人之间的效用比较时，这种解释是很难在实际中应用的。这是因为，一个人无法做到完全站到另外一个人的立场上去思考问题。如果假设一个人变成了另外一个人，他会做出什么选择呢？这样就可以把选择模型扩展到包括个人之间的效用比较上〔如维克里(1945)和哈萨尼(1955)曾经巧妙地做出的那样〕。但是，这些不符合实际的、假设出来的选择是否有意义，现在还是不清楚的。再者，选择的解释必须至少部分地依赖于引导这一选择的动机，不过，到目前还不能确定的一点是，是否存在从选择——不论潜在的动机是什么——到福利的直接而又简单的变换(见第47页的脚注)。

成就、自由与权利

从更基本的意义上讲，还有另外一个问题，即仅就一个人的成就来评价他的利益是否恰当。这一问题在福利与主观能动的评价中都会出现。可以说，我们应该用一个人所拥有的自由来代表他的利益，而不应该用（至少不能完全用）一个人从这些自由中所得到的东西（福利的或主观能动的）来代表他的利益。这些思考将会把我们引向对权利、自由和实际存在的选择机会的关注。在伦理评价中，如果用自由思考来判断个人利益——或至少部分地这样
48 做，那么，功利主义、福利主义以及唯一注重成就的方法都将被否定。[①] 在伦理学文献中，以权利为基础的道德理论具有悠久的历史渊源，功利主义者，如本萨姆投入了很多精力来反驳这一理论，他把这些理论比喻成“简单的无意义”（simple nonsense）、“纸上谈

① 判断一个人利益的不同方法还会影响到我们对平等和公正的评价，有几位学者〔如威尔利（Weale）（1978）、雷蒙德（Rae）（1981）、费西金（Fishkin）（1983）、瓦尔泽（Walzer）（1983）〕已经很有说服力地证明了平等概念的多元性，这的确是一个值得注意的问题。同时，平等多元性的原因不是存在于平等自身，而是存在于个人利益的概念中。如果对利益的看法不同，那么关于平等的评价也是不同的。这样的多元性也可以应用于从利益概念（唯一地或包括一切地）“派生”出来的其他概念。在这一方面，“效率”概念就像平等的概念一样也具有多元性。因为，一个更有优势的且可行的状态是否存在，完全依赖于已经选定的利益概念。例如，当利益等于效用时，效率就与帕累托最优存在一致性。当利益的概念发生变化时，效率的内容也会发生相应的变化，正如平等的内容会发生类似的变化一样。利益的概念不一定采取某种纯量形式，它可以是一个向量或 n 维向量（n-tuple），而且还可能包括某种“构成上的多元性”，以及解释上的多元性。关于这些问题的讨论，可参见阿马蒂亚·森（1980，1985a，1985b）。

兵”(bawling upon paper)、“矫饰的无意义”(rhetorical nonsense)
以及“夸张上的无意义”(nonsense upon stilts)。[①] 然而，要抛弃以
权利为基础的道德理论却不是一件容易的事情，尽管在很长一个 49
时期内，伦理学曾经臣服于功利主义，但是最近，它还是被康格
(Kanger)(1957,1985)、罗尔斯(1971)、诺兹克(1974)、狄沃尔金
(1978)、麦基(1978)等作家以不同的方式复活了。[②]

经济理论中也常常涉及权利的概念。的确，基本的经济学概念如自然禀赋、交换和契约等都会涉及不同类型的权利。然而，在功利主义的传统中，这些权利只是被当作获取其他东西的工具，尤其是被当作获得效用的工具。也就是说，传统功利主义只是按照权利取得理想的结果的能力来判断权利，而没有赋予权利的满足以内在的重要性，因此，权利满足本身被忽视了。

这一特殊传统已经被带入到福利经济学的后功利主义阶段，在这里，人们所关注的只是帕累托最优和效率。其实，这并不奇怪，因为拒绝权利的内在重要性，就其自身而言，一般来自福利主

---

① 本萨姆关于道德和自然权利的分析，见哈利森(Harrison)(1983,第四章)。马克思(1843)对“所谓人权”的重视程度并不亚于本萨姆，但同时他又强调一般意义上的绝对权利的重要性〔马克思(1844,1875)、马克思和恩格斯(1845－1846)〕。马克思对政治国家在创造和维护通常所说的“基本人权”中的作用的论述存在着部分矛盾。同时，马克思自己的道德哲学也大量地吸收了所谓“自由伦理学”〔布莱恩克特(Brenkert)(1983)〕。关于马克思对权利和自由的复杂性观点，可参见布斯(Bose)(1975)、科恩(Cohen)(1978)、布坎南(Buchanan)(1982)、罗莫(Roemer)(1982)、鲁克斯(Lukes)(1985)、埃斯特(1986)。

② 瓦尔德龙(Waldron)(1984)提供了有关这一主题的论文集，并配有明确的说明。还可参考费恩伯格(Feinberg)(1980)和戈西尔(1986)。有关的问题也可参见阿特金森(1975,1983)、阿切波尔德和唐纳尔森(1979)、佩蒂特(Pettit)(1980)、达斯格布塔(1982b,1986)和威金斯(1985)。

义而非功利主义(例如,总和排序并不是拒绝以权利为基础的伦理评价的主要理由)。我们可以公正地说,权利不具有内在的重要性的观点,在已经形成的经济学传统中是根深蒂固的,部分原因在于功利主义的影响(尤其是福利主义的影响),部分原因则在于福利经济学对于任何稍微复杂一些的伦理理论都缺乏兴趣。

对第一章中,对所谓经济学"工程学"方面的过分重视,标志着经济学陷入狭窄的伦理观的开始。可以说,功利主义准则和帕累托效率准则之所以仍有吸引力,是因为它们还没有达到严重损坏
50 传统经济学家形象的地步。[①] 一个寻根问底的经济学家如约翰·希克斯(1959)也许会说,与"经济自由"相比,"经济效率"有着更久远的古典渊源,虽然这一看法最多也只是提供了他对自由的次要支持,但是,他对于我们是否应该"忘记——正如我们中的绝大多数人已经做的那样——争论的另一面"(p.138)所提出的这一质疑肯定是令人信服的。遗憾的是,提出这种疑义的人太少了,追随者则更少。[②] 不容置疑的是,权利与自由理论为一般福利主义

① 事实上,主流经济学家甚至忽视了更复杂也更完善的功利主义,例如那些涉及"间接关系"的功利主义理论〔可参见赛德威克(1874)、哈里(1981)、哈蒙德(1982)、哈萨尼(1982)、米尔利斯(1982)、雷兹(Raz)(1986)〕,这些研究所关注的就是更简单——更直接——的功利主义。

② 关于自由与权利的这一观点,得到了受自由主义影响的理论家们的关注,如哈耶克(Hayek)(1960)、诺兹克(1974)、弗里德曼(Friedman)(1980)、布坎南(1985,1986);还可参考布坎南和图洛克(Tullock)(1962)、厄舍尔(Usher)(1981)、布利坦(Brittan)(1983)、苏格登(Sugden)(1985)。这里,虽然自由主义者们关于自由和权利的观点是相当草率的〔我认为是这样,见阿马蒂亚·森(1983a,1985c)〕,但毫无疑问,自由主义著作和理论贡献在经济学中曾经产生了十分重要的影响,而且是对功利主义正统学说的严峻挑战。对权利和自由作用重新感兴趣的另一部分学者是社会选择理论的贡献者,如阿马蒂亚·森(1970a,1970c,1976c,1983a)、黄有光(1971)、巴特拉(Batra)和帕塔奈克

学说（除此之外，还包括功利主义和帕累托最优）提出了一个十分重 51
要的问题。[①]在第三章中，我们将对这一问题进行更为详细的讨论。

自利与福利经济学

在这一章中，到目前为止我一直关注的是由经济学与伦理学分离所造成的福利经济学的贫困化，我特别关注经济学，尤其是现代福利经济学所使用的不充分的评价准则。并且，在这一讲的开始，我就说明了，在预测经济学与福利经济学之间存在着不对称

(1972)、皮科克(Peacock)和洛雷(Rowley)(1972)、诺兹克(1973,1974)、伯恩霍尔兹(1974,1980)、纪伯德(1974)、布劳(1975)、芬尼（1975b)、赛德尔(1975)、坎贝尔(1976)、法利尔(Farrell)(1976)、凯尔利(1976a,1976b,1978)、奥尔德里克(Aldrich)(1977)、布莱易尔(Breyer)(1977)、佩雷利－曼尼蒂(Perelli-Minetti)(1977)、费雷琼恩(Ferejohn)(1978)、卡尔尼(Karni)(1978)、斯蒂温斯(Stevens)和福斯特(1978)、苏阻莫拉(1978,1980,1983)、奥斯丁－史密斯(Austen-Smith)（1979,1982)、缪勒(Mueller)(1979)、巴尼斯(Barnes)(1980)、布莱易尔和加德纳(Gardner)(1980)、布莱易尔和吉格利奥蒂(Gigliotti)(1980)、方泰恩(Fountain)(1980)、加德纳(1980)、格林(1980)、麦克林(McLean)(1980)、威尔利(1980)、吉尔特纳(Gaertner)和克鲁格(Kruger)(1981,1983)、加顿弗斯(Gardenfors)(1981)、哈蒙德(1981,1982,1985)、施瓦兹(1981,1986)、苏格登(1981,1985)、莱维(1982,1985)、里格莱斯沃斯(Wriglesworth)(1982,1985)、查普曼(1983)、克鲁格和吉尔特纳(1983)、巴苏(1984)、吉尔特纳(1985,1986)、凯尔赛(Kelsey)(1985)、斯考特(1985)、巴利(Barry)(1986)、埃斯特(1986)、海兰德(1986)、麦基(1986)、韦伯斯特(Webster)（1986)。里格莱斯沃斯(1985)是这类文献的阅读指南，其中还包括了他自己的贡献。

①　在阿马蒂亚·森(1970a,1979a,b)中，我曾探讨过这方面的问题。拥护福利主义的观点，可参见哈萨尼(1976)、哈里(1981)、黄有光(1981)、米尔利斯(1982)。拥护和反对福利主义的辩论，可参见斯马特(Smart)和贝纳德·威廉姆斯(1973)、阿马蒂亚·森和贝纳德·威廉姆斯(1982)。也可参见赖利(Riley)(1986)和罗莫(1986a,1986b)。

52 性，即前者可以影响后者，而后者却不能影响前者。然而，如果人类的实际行为确实受到伦理思想的影响（影响人类行为正是伦理学的主题），那么，福利经济学就一定能够影响人类的实际行为，从而也就一定能够影响预测经济学。如果伦理学从未影响过人们的实际行为，而人们却对伦理学倾注了如此大量的心血，那岂不是太荒唐了吗？

预测经济学之所以能够回避伦理学的影响，部分原因是对人类行为的假设，即至少在经济活动中人类行为被近似地看作自利最大化。在第一章中，我用了大量篇幅来说明这一假设。现在到了把关于对人类实际行为的讨论（以及作为媒介使用的潜在理性概念）与目前关于对福利经济学的伦理基础的讨论联系起来的时候了。不难看出，如果福利经济学思想确实能够影响人类的实际行为的话，那么，福利经济学对于经济现象的描述、解释和预测就必然是非常有意义的。

的确，如果经济效率（从帕累托最优意义上讲）是经济判断的唯一准则，如果“福利经济学基本定理”的基本条件（比如，没有外部性影响）都得到满足的话，那么，从某种意义上说，任何人的行为都是在追求自利最大化，这一结论具有一般性的意义，而非仅仅是福利经济学的观点。这一行为的一部分确会产生帕累托最优；但从这一行为的另一部分讲，任何人企图对自利最大化的偏离，如果它能有什么影响的话，只是唯一地威胁到“经济效
53 率”的实现，即帕累托最优状态的实现。因此，如果福利经济学真的被囹圄于这个非常狭窄的盒子里，如果这一基本假设能够成立的话（包括市场之外相互依赖性的消除），那么，福利经济学确实没

有什么理由来反对自利行为。按照这一基本假设，只要福利经济学继续被限制在赞成帕累托最优准则充分性这一狭窄的范围内，情况就会像我们在主流经济学传统中所看到的那样，预测经济学与福利经济学之间的单向联系就必将会继续下去。但是，一旦冲破这一限制，引入更加广阔的伦理学思考，这种单向联系也必将消失。

接下来的问题是，如果使用更加严格的福利主义准则，如功利主义，将会产生什么样的结果呢？可以肯定的是，在许多情况下，自利行为的最优性将会遭到拒绝。的确，埃奇沃思(1881)就曾把个人行为确定中不同准则之间的矛盾看作是“利己主义”与“功利主义”之间的矛盾。当然，我们可以说，功利主义者的最优准则必定是帕累托最优准则，也可以说，在“福利经济学基本定理”的基本条件都得到满足的情况下，对自利行为的任何偏离都将会对帕累托最优状态的实现形成严重威胁。但是，由此断言，从一个帕累托最优状态移动到一个非帕累托最优状态一定会导致总效用减少则是错误的。这种情况也的确很少发生。

然而，如前所述，如果资源的初始分配对于已经选定的福利主义目标来说是合理的话，那么，就可以用“福利经济学基本定理”来 54
证明自利行为是正当的。承认人们是完全根据自利准则而采取行动这一理论构想，在伦理上也就可能是充分正当的了。进一步说，福利经济学思考也就不会拒绝自利行为了，因此，预测经济学分析就能够有效地避免来自福利经济学的“渗透”。但是，正如我们前面已经论述过的理由，即由于在信息方面、经济方面和政治等方面的困难，“福利经济学第二基本定理”的实际应用意义是非常有限

的。只是在理论上，这一假设使得我们可以把人类看作是绝对地追求自利的，并且在适当的假设条件下，用不着担心来自福利经济学方面的反对意见。

到了分析的这一阶段，应该说，我们已经从前面那种最狭窄的盒子里走了出来，并且也没有把对自利行为的任何**必要的**拒绝合并到福利经济学的论据中（“初始条件”在这种协调中起着重要的作用）。但是，在所有这些分析阶段中，在我们得到这一结论的过程中，福利主义一直扮演着十分重要的角色。只要评价准则是福利主义者的准则，无论它是简单的帕累托最优准则，还是其他一些更为复杂的福利主义者准则（比如功利主义的准则），在人类的实际行为中，福利经济学偏离自利最大化的必要性就会被有条件地淘汰。

接下来，如果福利主义自身被拒绝了，那么“福利经济学基本定理”就不可能再保证人类的实际行为可以有条件地独立于相关的福利经济学考虑之外。在本章的前面，我们所讨论的对福利主义的各种背离都会成为拒绝自利行为的理由。

55 当我们赋予一个人的“主观能动方面”以重要意义时，最为明显不过了。的确，一个人可能会因为他自己的理由而去追求那些**并非**个人福利或个人自利的目标，对**他人**的主观能动方面的尊重也会导致类似的背离。当主观能动自身具有重要性时，自利行为假设就显得远远不够了（不能简化为对自利的追求）。

另一类问题是由于接受了不同于效用的福利概念而产生的。这是因为，“福利经济学基本定理”是很难被诠释成判断个人福利的其他方法的。一种不是简单地建立在偏好之上，而是建立在某种“客观”环境之上的福利观(例如一个人的功能成就)[1]就有可能破坏自利选择的简单性,而自利选择的简单性则是隐含在支撑“福利经济学基本定理”的行为假设之中的。选择有可能脱离偏好,但它更容易脱离不以偏好为基础的福利概念。

权利与自由

在重视权利与自由的伦理方法中,自利行为的不充分性可能 56
也是十分严重的。这一事实或许并不十分明显。有些权利理论,如诺兹克(1974),所主张的是个人有追求他所喜好的任何东西的权利,只要他不违反一定的道义约束,这些道义约束就会阻止其他人干涉他的合法行动。也就是说,个人有追求自利的自由(在约束条件下),不需要经过他人的许可,也不会受到他人的阻碍。但是,必须认识到,这些权利的**存在**并不表明,通过自利行为来**行使**这些权利就是伦理正当的。这样一种权利的存在意味着,当一个人假装为了追求自利最大化而采取某种行动,但实际上那并不是追求

① 可参见阿马蒂亚·森(1970a,1985a)、斯坎龙(1975)、布鲁米(1978)、施瓦兹(1982)、努斯鲍姆(1986c)。也可见有关“客观”成就(“objective” achievements)准则的文献,如满足“基本生活需要”〔例如,见阿马蒂亚·森(1973c)、阿戴尔曼(Adelman)(1975)、费西罗(Fishlow)(1978)、格兰特(Grant)(1978)、斯特威登和伯尔吉(Burki)(1978)、莫里斯(1979)、奇契尔尼斯基(1980)、斯特威登(1981a,1981b)、达斯格布塔(1982b)、阿南德(1983)、巴德汗(1984)、斯图尔特(Stewart)(1985)〕。穆斯格拉夫(Musgrave)(1959)以其特殊的理由说明了超越个人偏好的衡量以及赋予“积德的欲望”(merit wants)的满足。对最低生活条件的关注可以追溯到庇古本人在1952年所做的分析,虽然他最终把这些成就的价值与效用联系起来了。真正的问题不是基本生活需要得到满足的意义,而是这一关注的**基础**到底是什么。在阿马蒂亚·森(1985a,1985b)中,我曾分析过这一问题。

自利最大化的理由时，别人也不能阻止他。事实上，诺兹克所主张的那种权利理论可以与道德正当性结合起来，即社会中的每一个人都应该想一想他能够如何帮助他人。如果说超越自利行为的伦理理由必须被拒绝的话，这一拒绝所依据的理由是不可能先于这些权利的。

即便当我们从所谓消极的方面（例如，拒绝干预，而不是给出一个得到他人帮助的积极权利）来设想权利的时候也是如此。的确，**重视**“消极的自由”——反对一味地遵守相应的约束——也许会意味着，赞成积极维护他人这一自由的行为，比如，当人们的消极权利受到侵犯时，我们就有义务帮助他们。[①] 当然，十分明显的
57 是，对于**积极**的自由（例如，一个人实际上可以这样做或那样做）的强调，再加上帮助他人的义务会强化伦理思考在实际行为确定中的作用（见阿马蒂亚·森 1980，1985c）。[②] 因此，道德地接受权利（尤其是那些被认为是重要的，并受到支持的、只是没有取得受尊重的约束形式的权利）也许需要对自利行为的系统背离。在实际行动中，哪怕是向这一方向部分的和有限的移动就足以震颤标准经济学理论的行为基础。[③]

---

① 关于“一个消极自由的积极概念”(a positive concept of negative freedom)的例子，可参见阿马蒂亚·森(1981b，1982b)，还可参阅尤西尔(Usher)(1981)、达斯格布塔(1982b，1986)、哈蒙德(1982)、弗雷(1983)、海尔姆(1986)、雷兹(1986)。

② 也可见康格(1957，1872)、康格和康格(1966)、罗尔斯(1971)、林戴尔(Lindahl)(1977)、狄沃尔金(1978)、哈克萨(Haksar)(1979)、菲恩伯格(1980)、詹姆斯(James)(1982)、威金斯(1985)、古丁(Goodin)(1985)、戈西尔(1986)、奥内尔(O'Neill)(1986)、雷兹(1986)。

③ 在第三章中，我将对这一问题进行深入分析。

经济学与伦理学的分离所导致的经济学贫困，既影响了福利经济学(使其研究范围变得狭窄，并使其分析缺乏说服力)，也影响了预测经济学(削弱了它的行为基础)。在第三章，即最后一章中，我将进一步分析对系统伦理评价的需求，并分析结果、自由与权利在这一系统评价中的作用。由此出发，这一广阔的伦理思考与人类实际行为之间的联系，及其与预测经济学之间的联系也必将会得到检验。

3 自由与结果

58 在上一章中，我分析了福利经济学中个人成就和利益思想如何受到了功利主义的深刻影响，以及在福利经济学的后功利主义阶段这种影响为什么仍然是重要的。可以说，功利主义思想是狭隘的和不充分的，并且，在现代福利经济学中，由于种种限制，特别是由于回避了个人之间的效用比较，进一步加深了福利经济学的贫困化。虽然，返回到更具有活力的功利主义思想上来，可以在一定程度上遏制这一贫困化的发展趋势，但却不能从根本上消除基本的功利主义观的贫乏本质。

福利、主观能动和自由

在上一章中，我指出了功利主义概念的三个缺陷，并说明了这些缺陷基本上是相互独立的。在这里，要想继续深入讨论下去，就必须在探讨这些缺陷的本质以及如何克服它们的方法方面花费更多的心血。

首先，我们必须区别一个人的"福利方面"与"主观能动方面"。
59 前者所涵盖的是与他的个人利益有关的个人成就和机会。后者所涉及的范围更为宽泛，是以其他目标和价值来衡量的成就与机会，甚至可能超越对一个人个人福利的追求。这两个方面都值得我们重视，但是我们重视它们的具体方式和理由可以是不同的。在评价“收入分配”的公平性（包括判断经济上的不公平）时，在评价一个人就个人利益而言所具有的“地位”时，福利方面尤其重要。而“主观能动方面”则以更为开阔的目光来观察人类，在这方面我们所要观察的是人类对希望发生的事情的评价及其建立这类目标并使之变成现实的能力。①

福利与主观能动都是非常灵活的概念，这是因为它们都涉及各种各样的机能〔见阿马蒂亚·森（1985a，b）〕。这二者之间的区别并不同于一个“顾客”与一个“代理人”的区别。主观能动方面更加全面关注的人是作为**行为者**的人。当然，这种区别并不意味着一个人的主观能动与他自己的福利完全无关，正如我在第二章中所阐述的，也是我们可以自然预测到的，它们之中的任何一个发生变化都会引起另外一个的变化。但是，它们又不是完全等同的，还没有相近到其中一个只是另一个的某种简单变换。在人类行为的描述方面，功利主义失败的原因就在于未能区别这两个不同的方面，并且试图仅仅把其中的一个方面，即福利方面作为规范性评价的基础。

第二，功利主义理论提供了一个有缺陷的（和有系统偏差的）福利观，并由此出发对效用不同解释（例如，幸福、欲望满足）的缺 60
陷进行分析。幸福感只是一瞬间的成就，它不是与个人福利相关

① 对于规范性评价来说，考虑到这两方面是非常必要的，可参见我的杜威讲座〔阿马蒂亚·森（1985a），pp185－187，203－208〕。

的唯一成就〔关于这一观点，可参见罗尔斯(1971)〕。再者，虽然欲望常常是意欲获取的东西——这是他自己实际重视的东西——的价值的良好衡量指标，但欲望的衡量也许只是价值的一个很不充分的反映，可能忽视了他对严肃、勇敢的内省所赋予的价值，并忽略了不顺利的环境限制。在进行个人之间的福利比较时，这一限制尤为严重。

第三，除了一个人的成就之外，他的自由也是有价值的东西。在规范性的评价中，除了已经取得或得到的东西之外，一个人的选择权和机会也应该被考虑进去。自由是有价值的，不仅仅是因为它有助于成就的取得，而且还因为它有其自身的重要性，这一重要性远远超过了已经实际取得的实体状态的价值。例如，把一个人业余选定的那个备择之外的其他备择都移去，并不影响其成就(原先选择的备择仍然可以被选择)，但是，显然这个人的自由减少了，这或许可以被看作是某种价值的损失。①

上述关于自由的分析，也可以应用于“福利方面”与“主观能动方面”。因此，就一个人而言，可以有**四类**不同的相关信息，它们分
61 别是“福利成就”(well-being achievement)、“福利自由”(well-being freedom)、“主观能动成就”(agency achievement)和“主观能

① 看待自由的另外一种方式是以一种“完善的”，并注意到可能得到的选择的方式描述“机能”〔见阿马蒂亚·森(1985a)，pp.200－202〕。例如，在 y 是可选的情况下选择了 x 与在 y 是不可选的情况下选择了 x 就是不同的。事实上，人类通常使用的语言采取了“精炼”的形式，如“禁食”就不同于“挨饿”，而是在可以不挨饿的情况下做出了这样的选择。对于禁食的评价完全不同于对其他类型的挨饿的评价，因为在“精炼”的描述中有隐含的“选择”因素。

动自由”(agency freedom)。[①] 但是,在主流经济学的标准格式中,这种多元性通过下面一个双重过程被还原成一元:

1.认为自由仅仅只具有工具价值(因此,最终只计算成就);

2.假定每一个人的主观能动唯一地来源于他对自利的追求(因此,主观能动没有任何独立的作用)。

在第二章中,我已经分析了为什么这种专断的、有缺陷的信息结构是不充分的。

多元性与评价

有伦理意义的各种信息的多样性已经被认为是某种传统的一个问题。[②] 的确,在功利主义学说中,所有这些不同的东西都被压缩成为一个可描述的同质数量(如假设中的效用那样)。然后,伦理评价就简单地取这一数量的单调变换形式。当然,由于假设伦 62
理评价最终要取得具有完备性和传递性的排序形式,甚至可能会用一个数字代表,因此,我猜想,把美德的概念转化为一个同质的伦理值也就没有什么形式上的惊奇了。现在,我要说的是,这一观点自身——要求美德必须具有完备性和传递性的排序——是极有局限性的,也是极不充分的,而且,在效用的某种数量形式上坚持价值目标的同质性完全是一种额外的——非常有局限性的——要求。在这一“一元论”的概念中,不仅存在一个单一的和完备的伦

① 在杜威讲座〔阿马蒂亚·森(1985a)〕中,我曾讨论了这四种信息的不同作用。

② 在这里,一些主要问题已经被斯登纳(1983)认识到,并进行了研究。

理上的美德观念(不同的价值目标是可以相互比较的),而且价值目标必须是同一类型的(单一的和同质的)。

在我们的框架中,对福利与主观能动都赋予了重要性,并从成就与自由两个方面来看待它们。在这一框架中,有伦理价值考虑的多样性会使“一元论”的方法大为困惑,因为“一元论”方法坚持要求被评价(价值目标)的东西必须具有描述上的同质性。然而,这种专断的限制并没有使这一准则变得更有力量。为了不耽搁我们的讨论,关于“一元论”方法我暂且谈到这里〔关于该问题的进一步分析,可参见阿马蒂亚·森(1985a)〕。

多元论问题、事物的差异性以及它们对理性伦理学所具有的意义,也应该受到关注,因为,这些元伦理学(meta-ethical)问题对于福利经济学来说既是不明确的,又是非常重要的。但是,我要把对这些问题的分析放在本章的后面进行,这样做并不意味着我忽

63 视了这些基础性问题的重要性。现在,需要立即指出的是,我反对把价值目标在描述上的同质性作为一个先决条件。价值目标的同质性要求必须与伦理评价是否必然导致一个完备的和一致的排序区别开来。[①] 将多种多样的物品组合进行排序这一重要的——并非随意的——问题是肯定存在的,而且在研究伦理冲突时,仍然不可避免地会遇到它。但是,我们绝对不能把这一伦理排序问题与

① 关于“公度性”问题,在伦理学中曾有过较多的讨论。这一问题似乎涉及两个不同的方面——事物描述中的同质性以及总体排序的一致性和完备性。在相当长的一段时间内,这两个问题都进入了伦理学的讨论,包括古典希腊哲学和文献〔见努斯鲍姆(1984,1985,1986a)〕。也可见贝纳德·威廉姆斯(1973b,1981)、贝林(Berlin)(1978)、内格尔(1979)、马库斯(Marcus)(1980)、希尔利 Searle(1980)、哈姆希尔(Hampshire)(1982)、泰勒(1982)、福特(1983)、斯登纳(1983)、莱维(1986a)。

描述上的同质性问题相混淆。[①]

还需要附带说明的是，在这一讨论中，多元性的本质要比各种道德信息的四种分类更为宽泛，因为在每一类的内部还存在着多样性。例如，“福利成就”要求关注一个人目前正在做的或者感受到的各种重要事情。这些“机能”可能会涵盖很广泛的成就范围，64
从避免营养不良、保持身体健康到实现个人尊严和满足创造欲望。[②] 事实上，正是在这一系列成就中，“幸福感”这一被某些功利主义者称为一切价值基础的机能才得以——不是完全没有道理——出现。

这种内部多样性也被带入到“福利自由”的评价中，而且还存在来自下述原因的多样性：虽然构成一个集合的所有元素都具有明显的特定价值，但仍可以用不同的方法对这个集合进行评价——这是我在 1985 年的一篇文章中曾经研究过的一个问题〔见阿马蒂亚·森(1985b)〕。在“主观能动成就”与“主观能动自由”内部也存在着相应的多样性。

① 当然，不同物品组合的排序也是经济学的一个标准组成部分〔见狄顿和缪尔鲍尔(1980)〕，例如，商品的不同组合可以构成这些组合商品的不同特性，在多维特性空间中可以对其进行充分的排序〔见戈尔曼(1956，1976)、兰卡斯特(Lancaster)(1966，1971)〕。虽然传统方法假设这种排序所反映的只是某种同质目标(即满足)的数量，不过这种要求并没有被强加于更为现代的消费者理论。在这里，“效用”只不过是代表排序的实际数值(特别是由选择揭示的那种排序)。在某些特殊情况下，不同特性的商品组合排序可能是有问题的，也可能是没有问题的，但是，我们可以肯定的是，描述上的同质性并不是排序的必要条件。

② 见阿马蒂亚·森(1980，1985a)。在这些著作中发展起来的机能观和能力观与亚里士多德关于机能的分析有一定的共同之处(见《政治学》，第三卷)。对亚里士多德学说的研究，以及亚里士多德学说与当代关于福利的讨论之间的关系，可参见诺斯波姆努斯鲍姆(1986c)。

另外，当我们从单个人的成就与自由转向由多个人所组成的集体的成就与自由时（在绝大多数经济判断和伦理评价中这是不可避免的），多元性的本质就会被进一步强化。事实上，如果认为多元性有着其自身内在的困惑，这样下去就会是一条毫无希望的道路。然而，在一个多元主义的框架中并没有什么特别的困惑，并且，坚持“一元论”的框架就不可避免地导致对其他东西的随意排斥。

在社会选择理论基础之上所发展起来的分析框架中，已经在许多不同的方面涉及了多元评价问题，包括规范性评价问题〔见阿马蒂亚·森（1970a，1986c）〕。事实上，在作为先驱者肯尼斯·阿
65 罗的主要开创性文献〔阿罗（1951a）〕中就承认了这种多元性。另外，在一些经济理论的运用中，由于效用这一术语往往可以与价值替代使用，因此，在“效用函数”结构之内所研究的问题也提供了关于多元性评价的某些深刻的见解。在上面所提到的几个研究领域中，完备性和一致性问题受到了极大的关注，社会选择理论的正式文献更是充满了各种各样的“不可能定理”（impossibility theorems）、实证可能性结果（positive possibility results）以及与多元性密切相关的结构描述定理（constructive characterization theorems）。

这里，需要提出的一个问题是，总体评价公式中所附加的规则性条件是否是可接受的和充分的呢？这一问题与“理性评价”这一特殊概念联系在一起。

不完备性与过度完备性

当几个价值目标同时存在时，一种行为会相对于某一价值目标具有较多的价值，而相对于另一价值目标具有较少的价值。解决这一问题的方法有三个：第一，检察适当的“交易”，并决定关于一个选择性目标组合的平衡是否优于另外一个。[①] 这一方法要求，必须在进行决策之前解决（价值目标之间的）冲突问题。这样就有可能遗留下一个问题：如果这些冲突没有能够得到解决，我们应该做什么呢？

与“平衡的完备排序”相反，第二种方法会留下两个未被排序 66
的选择机会。在任何情况下，这一方法都不会苛求一个完备排序，并允许多元评价中出现部分排序的不完备性〔见阿马蒂亚·森(1970a,1985a)〕。当多元评价的不同部分存在某种一致性时，就可以根据“支配性推理”(dominance reasoning)，即“在所有方面 x 都优于 y”，建立一个明确的总体排序。最终实现的这一部分排序将包括上述支配性关系，也可能包括更多的东西。

“平衡的完备排序”方法和“部分顺序”方法都坚持了某种简单的一致性。第三种方法则与之相反，它既承认一个备择相对于另一个备择的优势，也承认另一备择相对于这一备择的优势，因此，

---

① 然而，这样的平衡会涉及决策形成之前的“悲剧性选择”(tragic choice)，这需要对可能出现的牺牲有正确的认识〔见格拉布瑞希(Calabresi)和勃比特(Bobbitt)(1978)富有启发性的分析〕。关于一些冲突没有在审慎的判断中得到平衡，在这一“艰难选择”情况下的行为决策问题，伊萨克·莱维(1986a)最近做出了很有影响的研究。

这一方法将无法回避同时都具有约束力的准则之间的冲突。可以公正地说，这一方法——承认“不一致性”的判断——是不受经济学家欢迎的，对于绝大多数哲学家来说，也是如此。事实上，就公认的内部一致性要求而言，它简直是古怪的。

然而，这种“不一致性”并不能彻底否定上述第三种方法，因为，这里“一致性”的**可行性**和**必然性**本身都是有待辨明的〔见阿马蒂亚·森(1967b,1984c)〕。使这一方法得以成立的唯一可能性是所接受的两个潜在冲突的总体判断准则之间有一个重叠域。这些“过度完备的判断”与在古典文学和古典哲学中已经广泛讨论过的问题有联系。无论一个人采取哪一种判断准则，比如阿伽门农[①]的困境(Agamamnon’s dilemma)，这一问题都不可能通过简单地要求阿伽门农应该在他行动之前就将其偏好排序梳理成形而得到解决。[②]

67 我认为，在讨论这些不同的方法时，把社会事业性质的公共政策要求与对个人决策的要求区别开来是非常重要的。在社会事业性质的公共政策中，接受第一种方法——“平衡的完备排序”——的理由相对更充分一些。在这种情况下，我们很容易认同一致性和完备的社会福利函数是必要的，或者说完备的社会选择函数是必要的。这样的社会选择函数能够从有待做出选择的所有非空备

① 是希腊神话里特洛伊战争中的希腊统帅。——译者注

② 见贝纳德·威廉姆斯(1965,1973b,1981)和马萨·努斯鲍姆(1985,1986a)。有关问题，也可见莱蒙(Lemmon)(1962)、瓦尔泽(1973)、埃斯特(1979,1983)、托马斯·内格尔(1979)、马库斯(1980)、希尔利(1980)、哈里(1982)、菲尼斯(1983)、斯罗特(1983,1986)、斯登纳(1983)、莱维(1986a)、斯蒂德曼和克鲁斯(1986)。

择集合中为我们指定非空选择集合。这不仅仅是因为在某种程度上某一种以制度为基础的公共决策必须要有明确的行为导向，而且还因为，在由评价准则冲突所导致的不一致性“大量”涌现时，无论公认的价值是什么，对于那些身陷冲突的个人来讲，都具有典型的私人性。

的确，政策的必要性意味着一些事情或者另外一些事情最终是**一定**要做的；然而，这并不表明我们有**充分的理由**去选择做这一件事情而不选择做另外一件事情——这才是有待解决的重点问题。就决策行为来说，总体判断中的不完备性或过度完备性也许具有破坏性的干扰作用。但是，决策的**必要性**本身并不能**解决**这种冲突，这意味着即使是关于社会事业性质的公共决策也不得不在仅仅部分合理的基础上做出。

我坚信，接受有冲突的总体判断准则并非意味着违反理性选择，例如，布利丹的蠢驴（Buridan’s ass）面对着两个大干草堆，由 68
于不能决定哪一堆干草更好而死于饥饿。本来它是可以理性地选择其中的任何一个，因为它有足够的理由可以选择其中的**任何一个**草堆而不被饿死；它却没有充分的理由必须选择这一个草堆**而不是**另外一个。所以，选择两堆干草中的任何一个都只能被认为是部分有理的。理性的公共决策也不得不做出这种仅仅被认为是部分有理的选择。[①]

① 在阿马蒂亚·森（1970a，b，1985a，b）中，我曾分析过“部分排序”的有用性和充分性。在这里，一个值得注意的问题是，在一个给定的集合中，“最优”元素的存在不必要求有一个完备的排序，某些不一致性和不完备性未必会导致令人困惑的最优选择。关于这一问题的分析，可参见阿马蒂亚·森（1970a，1971，1982a，1984c，1986c）、费西伯

冲突和僵局

在**个人**的判断和决策中，无法明确地“平衡”不同的事物、无法做到具有完备性的排序——如果出现这种情况——有可能是出自心理上和伦理上的理由。当然，在这一情况下，为了决策的需要，要么进行平衡，要么对这一僵局给出某种专断性的答案。但是，是否必须做出平衡，并不是人类内省和意志力中唯一重要的东西。例如，淡漠无情的冷静通常最有助于取得较好的经济结果，但是，把间接影响考虑在内，在无法做到冷酷无情和淡漠地对待他人的

69 请求时，如果人们要勉强地表现出某种冷静并做出平衡，一些有价值的东西就可能会被丢视。

这些困境以及它们以踌躇、迟疑和忧愁等[①]形式表现出来的心理联系，在许多文化生活和社会活动中会比在经济决策中具有更显著、更重要的意义，但是，这些冲突以及由它们所导致的困惑并非完全与经济学无关。因为，它们会影响到人的行为，而这里所说的人正是经济学试图研究的人。

近来，在不确定的情况下，对人类行为的经验研究，已经揭示

恩(1973)、普劳特(1976)、施瓦兹(1976，1986)、凯尔利(1978)、帕特奈克(1978)、莫林(1983)、苏阻莫拉(1983)、佩雷格(1984)、埃泽曼(1985)。真正的困难在于，在有些情况下，我们必须从中做出选择的备择集合中并不存在“最优”元素(因为不完备性、过度完备性或非传递性)。关于这类问题，可参见阿马蒂亚·森(1984c)、莱维(1986a)。

① 关于这一点可参见贝纳德·威廉姆斯(1985)和努斯鲍姆(1986a)。

了在风险评价中所表现出来的系统不一致性，以及在不同决策的比较评价中所表现出来的系统不一致性。[①] 很多这类结果曾经被认为是简单的错觉或逻辑上的“错误”。这样的认识也许有一定的道理，但是，即使这种观点能够被普遍接受，这类行为的盛行也表明，在对人类实际行为的理解中，对于通常所要求的“理性”应该留有一个可以偏离的空间。而且，对于下面这种说法也存在疑义，即这些所谓的“错误”，与形式化的标准文献相比，实际上仅仅反映了关于决策问题的一个不同观点而已。[②]

在伦理学的争论和福利经济学的评价中，有很多机会可以增 70
加我们对决策问题的理解。事实上，“平衡完备的排序”模型除了在实体伦理学中可能存在不合理性之外，在行为的描述和预测中它也是不现实的、虚伪的。很显然，如果现实中根本不存在不一致或不完备排序现象的话，也就没有理由人为地制造出这种引起严重分裂的困境。[③] 但是当它们确实存在时（这种情况似乎经常出现），认识这一困境的性质不仅可以增加我们对经济现象的理解和

① 见凯内（Keeney）和 Raiffa（1976）、卡纳曼（Kahneman）、斯罗维克（Slovik）和特维尔斯基（Tversky）（1982）。也可见奥尔莱斯（Allais）（1953），奥尔莱斯和哈根（Hagen）（1979），戴维森、苏佩斯和赛格尔（Siegel）（1957），麦克利蒙（MacCrimmon）（1968），卡纳曼和特维尔斯基（1979），阿罗（1982，1983）。相关的问题还可以参考莱维（1974，1982，1986a，1986b）、麦吉纳（Machina）（1981）、拜尔（Bell）（1982）、洛迈斯（Loomes）和苏格登（1982）、麦克莱门（McClennen）（1983）、谢林（1984）、戴维森（1985b）、阿马蒂亚·森（1985e）。除此之外，斯蒂古姆（Stigum）和温斯托普（Wenstop）（1983）、戴波尼（Daboni）、蒙特萨诺（Montesano）和莱尼斯（Lines）（1986）的文献也值得参考。

② 在阿马蒂亚·森（1984c，1985d，1985e）中，我曾沿着这一方向进行了分析。也可参阅麦吉纳（1981）、布鲁米（1984）、哈蒙德（1986）。

③ 使对手在两个或多个对他不利的事物中进行选择。——译者注

评价，而且还有助于改善我们的经济预测。

这类问题在劳工关系（把工人联合起来进行罢工或帮助解散罢工）、工资谈判（联合整个行业协调行动或威胁退出）、工业效率和生产力（工厂内部的合作与冲突），以及其他一些对经济运行具有重要意义的场合〔见阿马蒂亚·森（1984a）〕尤为重要。例如，在 1984—1985 年间，英国曾多次发生过煤矿工人罢工，并且参加罢工的人数与不参加罢工的人数之间的比例关系不断变化。在对这些复杂的罢工过程进行分析时，煤矿工人所面对的伦理复杂性和实用主义的要求应该得到充分理解。在狭隘理性的传统模型结构中，虽然这一问题的博弈论（Game-theoretic）方面可以被形式化到一个点，但是，由这一模型所施加的严格限制却是相当有局限的。

权利与结果

与福利经济学和预测经济学有密切联系的伦理思想十分丰
71 富，远比人们在传统上已经认识的或假设的更为丰富。福利主义、结果主义以及狭隘地想象出来的理性决策要求所施加的限制，已经把许多有意义的伦理思想排斥在经济评价和行为预测之外。我曾经试图说明，我们迫切需要对变量集合和变量的影响集合进行补救性扩展，以便把经济分析中有意义的变量及其影响也考虑进去。

我曾经相当严厉地批判了经济学对这些问题的处理，但是，这并不意味着我就认为所有这些问题在现有的伦理学文献中已经得到了满意的解决。目前我们要做的工作是使经济学与伦理学进一步结合起来，并把这些结论从伦理学的文献中移植到经济学中去。事实上，可以这样说，正是由于借助了经济学所使用的各种方法和应用程序，才使得一些伦理学问题得到了进一步的说明和解释。

关于道德权利和道德自由的分析就证明了这一点。当然，必须承认，道德权利和道德自由等概念出现在现代经济学中的时间并不长。事实上，在经济分析中，较为典型的看法是，权利仅被当作纯粹的法律实体，只具有工具价值而没有任何内在价值。我已经描述过这种对权利内在价值的忽视，下面需要说明的是，在对权利和自由的系统阐述中，经济学所使用的结果推理的标准方式可能是相当有用的。

在最近的几十年中，出现了以权利为基础的伦理学的复兴，在以权利为基础的伦理理论中，人们常常从义务论的角度来看待权利，即表现为他人必须遵守约束。诺兹克在其 1974 年的著作中所描述的以权利为基础的道德结构体系就是一例。可以说，这类义务论结构可能不大适用于对社会道德（包括规范经济学）中普遍存在的相互依赖性等这类复杂问题的解释。例如，如果人们不能完
全遵守约束，实际上一些人也的确不能遵守有关约束（这种情况非 72
常普遍），那么，其他人是否应该阻止这种侵权行为呢？不过，这类道德要求并不会自己取得约束形式，而只是取得积极地做某些事情的义务形式，即试图阻止侵权者的行为。如果甲以某种过激的形式侵犯了乙的权利，比如，甲狠狠地打了乙，那么，丙有义务去制

止这件事情吗？[①] 另外，如果丙为了制止粗暴的甲而轻微地侵犯了丁的某些权利是否正当呢？例如，丙可以强行——丁不愿意把
73 汽车借给丙——使用丁的汽车赶到出事地点去拯救正在遭甲痛打的乙吗？如果权利仅仅取得约束的形式（“不违反他人的权利”），而且这一约束是按诺兹克体系所规定的，那么丙显然就不能以上述方式帮助乙，这是因为：

1.丙没有义务帮助乙。

2.丙有义务不侵犯丁的权利。

诺兹克主义的权利体系不能对这些问题以及相关的许多问题给出明确的答案，然而，如果权利的取得是严肃的，并要得到切实维护的话，这些问题就将无法回避。

我还在其他的地方试图说明〔阿马蒂亚·森(1982b,1985c)〕，这类“普遍的相互依赖性”需要以某种方式把外部性影响内部化，

---

① 当然，承认存在这样一种义务关系并不一定违反功利主义的推理。因为，乙的效用——不只是他的权利——在甲的过激行为中蒙受损失。我举这个例子的目的是对以权利为基础的各种推理进行比较，而不是将它们分别与功利主义的观点进行比较。然而，如果我们的目的是要说明以权利为基础的结果主义的推理不仅优于非结果主义权利论对义务的系统阐述，而且还优于功利主义，那么，这个例子就可以被扩展到丙没有进行干预的功利理由。对于“行为功利主义”来说，这是不难做到的，只需要假设侵犯者甲（或者更为合理的，多个侵犯者）的总效用获得大于受害者乙的效用损失就可以了。这个例子甚至可以构造得使具有平等意识的福利主义者（不仅仅是最大化效用总和的功利主义者）都没有要求丙进行干预的理由（例如，即使受到攻击，受害者乙的境况可能仍然很好，甚至可能比贫困攻击者的境况要好）。间接功利主义者和与此有联系的福利主义观点也许要求更多的伦理考虑，但他们仍然可以在不破坏这一例子的原有目的，即说明在结果主义的框架中把权利的满足与对权利的侵犯结合起来，并在特殊优越性的情况下得到满足。在阿马蒂亚·森(1982b,1983c)的描述中，这些问题已经得到了更充分的讨论。

即在事物状态的评价中应该把权利得到满足的价值增加与权利遭到侵犯的价值损失结合起来，这样处理或许更好一些。[①] 结果推理的框架以及经济学的许多不同领域中（包括我们在第二章中所讨论的一般均衡理论）广泛开展的关于相互依赖性的研究，对于研究社会权利评价中的相互依赖性这一无可回避的问题提供了许多真知灼见。

结果评价与义务

这样看待权利也许会遭到一些人的反对，因为，以权利为基础 74
推理的复兴，常常来自哲学上对结果主义逻辑的怀疑〔例如，罗尔斯（1971）、诺兹克（1974）、狄沃尔金（1978）、阿克曼（1980）〕。这种怀疑可能导致这样一种认识结果，即拒绝把权利当作不可放松的义务约束，就如同倒洗澡水时把婴儿一起倒掉一样。权利的内在重要性会因为结果主义的反对而妥协，而且这样的妥协在伦理上也是难以得到宽恕的，因为它们可能使权利变得过于脆弱和过于捉摸不定。

从表面上看，这样的怀疑似乎是合理的，然而，这种担心却是不必要的。首先，在某种程度上，它们来源于结果主义与**福利主义**相结合的传统，在这里，根据事物状态的好坏来判断行为，然后再

① 斯登纳（1986）已经批判地研究了我的主张，并提出了一些重要的建议。在斯登纳提交其论文的理论研讨会上（1986 年 2 月于 Louvainla-Neuve），对于我曾努力研究的方法还有其他一些有意义的研究成果。我非常感谢那次研讨会的组织者利奥·阿波斯特尔（Leo Apostel），以及各位参加者。

根据效用结果来判断事物状态的好坏。功利主义把结果主义与福利主义结合起来的这一做法，往往造成这两种因素的混淆。但实际上，它们不仅是有区别的，而且还基本上是相互独立的因素。①

的确，如果把权利的侵犯看成是坏事，把权利的满足看成是好事，那么福利主义就必须做出妥协，因为，福利主义坚持除了效用之外没有其他任何的内在价值。当功利主义的不同因素被分隔开时，我们就可以看到，虽然以权利为基础的道德理论无法与"福利主义"或"总体排序"共存，但它却可以与结果主义共存。

75 第二点需要注意的是，即使一个人所面对的是内在价值目标，忽视结果也是错误的。结果主义推理的依据是有行为就必然有结果，即使是有内在价值的行为也会有内在价值之外的**其他**结果。行为的内在价值并不能成为忽视行为工具价值的充分理由，行为工具意义的存在也不否认行为的内在价值。要想全面地评价某一行为的伦理内容，不仅要注意它自身的内在价值（如果有的话），而且还要注意它的工具作用，以及它对其他事情所造成的影响，即要研究这一行为所具有的各种内在价值和非内在价值的结果。在伦理学内部存在着与所谓经济学的"工程学"方面的相似体，这一相似体在伦理学中的地位，虽然不像"工程学"方面那样在主流经济学中占据核心地位，但也是非常重要的。

我要做的第三点说明是，即使结果主义自身不被接受，结果主义的推理也是有用的，忽视结果就等于丢掉了一个伦理故事的一

① 关于这一内容，可参见阿马蒂亚·森（1979a，1979b，1985a）、阿马蒂亚·森和贝纳德·威廉姆斯（1982，"引言"）。

半。然而，结果主义所要求的不仅仅是讲出这一故事，而且要求完全根据结果的好坏来判断行为的正确与否，这一要求不仅是要把结果都考虑在内，而且还要把其他事情都忽略掉。当然，什么东西可以被忽略则取决于我们如何看待结果，扩大的结果范围甚至可以包括已经履行的行为价值或权利被侵犯所造成的价值损失。我曾试图说明：

1．这样的扩大是有益的，也是必要的； 76

2．即使经过充分完善的扩大，在结果主义者评价（consequentialist evaluation）与结果—敏感义务论评价（consequence-sensitive deontological assessment）之间也仍然存在一定的距离〔阿马蒂亚·森（1982b，1983c）〕。

应该选择行为 x 而不选择行为 y 这一说法，与行为 x 所导致的事物状态（包括已经履行的行动 x）优于行为 y 所导致的事物状态（包括已经履行的行动 y）这一说法是不同的。随着结果主义被定义得越来越宽泛，这两种说法之间的差别也就越来越小。但是，即使结果主义的推理被充分延伸，即使已经履行的行动被包括在结果之中，它们之间的差别也不会消失。对多数有道德的决策来说，结果主义分析是必要的，但不是充分的。[①]

第四点需要注意的是，结果主义推理——和结果主义自

① 见阿马蒂亚·森（1982b，1983c，1985a）。萨谬尔·斯奇福勒（Samuel Scheffler）（1982）曾经令人信服地说明了允许做某件事与有义务做这件事之间是有差别的，而结果主义在前一种情况下会比其在后一种情况下更合理。如果某种行为在所有的行为中都具有最好的结果，就不能否认一个人完全有义务去做这件事情。也可参阅斯罗特（1985）。

身——可以与事情状态评价中的“立场—相对性”结合起来〔阿马蒂亚·森(1983c)〕。不同的人评价完全相同的事物状态的方式是否与他们的立场有关呢？这是伦理学的一个内部结构问题。对于这样的问题，不同人可能会有不同的观点。以苔丝狄蒙娜被杀(奥赛罗所为)这件事为例，是否奥赛罗也必须用一种与别人相同的方
77 式来评价这一事件呢？我认为，由于奥赛罗在这一事件中的特定立场，即作为苔丝狄蒙娜的爱人、丈夫和杀人者，一种一致的、结构配合适宜的伦理学理论应该要求奥赛罗比其他人——没有卷入这一事件的人——有更悲伤的心情。[1]

在事情状态的评价中，如果这种“立场—相对性”被接受，那么，贝纳德·威廉姆斯、托马斯·内格尔和德里克·帕费特这类哲学家关于行为主体相对有道德的各种观点就可以被纳入到结果主义的体系之内(与对事情状态的立场—敏感性的道德评价结合起来)。涉及相互依赖性和工具计算这一结果主义推理的优点不仅可以与内在价值相结合，而且还可以与道德评价的立场相对性以及行为主体敏感性相结合。

当然，结果主义推理符合经济学家所习惯的评价标准，而且还可以得到机械的应用——的确，也已经得到了非常机械的应用。然而，如果在没有福利主义所附加的种种限制、没有立场独立性假设以及不忽视那些没有工具价值而具有内在价值的变量的情况下
78 应用结果推理，那么，结果主义方法就可以为权利与自由这类问题

---

① 见阿马蒂亚·森(1982b)，进一步的分析见阿马蒂亚·森(1983c，1985a)。也可参考里根(Regan)(1983)、加西亚(Garcia)(1986)、斯登纳(1986)。

的规范性思考提供一个敏感而稳健的框架。我曾经指出,沿着这条道路走下去是十分有益的。当涉及不充分的结果计算时,它既不同于标准福利经济学中所使用的狭隘结果主义的福利主义,也不同于道德哲学中所使用的一些义务论方法。

伦理学与经济学

可以说,进一步加强伦理学与经济学之间的联系,无论对于经济学还是伦理学都是非常有益的。许多伦理问题也具有我们所谓的“工程学”方面的因素,它们中间的一些也的确涉及经济关系。正如我在第一章中所指出的那样,甚至亚里士多德在“对人类有益的东西”的分析中,也包含了各种经济管理问题,并提出了对经济学工程方法的需求。对于伦理学研究来说,除了经济推理的直接应用之外,经济学对相互依赖和相互联系这类逻辑问题的重视和研究还具有方法论方面的意义。我已经大致说明了当代伦理学研究应该向结果主义方向扩展的一些理由,尽管这一扩展受到了来自功利主义,尤其是它那极为狭隘的结果计算方法的阻碍。

然而,在这次讲座中,我更多关注的问题是伦理学能为经济学做些什么。我曾试图说明,经济学与伦理学的分离已经导致了福利经济学贫困化,也大大削弱了描述经济学和预测经济学的基础。
在前面两章中,我还说明了福利经济学的贫困化对于描述经济学 79
和预测经济学的间接影响。在本章的最后,我还要回到这一问题上来。

极为狭隘的自利行为假设的广泛使用,已经严重限制了预测经济学研究的范围，使其很难分析由行为多样性所引起的广泛的经济关系。正如上一讲和这一讲已经讨论过的那样，伦理经济学评价中丰富的伦理思考与个人行为之间存在着直接联系。我无意说，没有考虑到所有这些复杂性的行为模型肯定是无用的，但是，很显然，有待探索的途径还有很多，不同类型的伦理思考在经济预测中的意义应该得到相应的研究。同时，陷入狭隘而不真实的绝对自利行为假设之中，可能会把我们引入一条有疑问的“捷径”，它的末端并不是我们所希望达到的地方。我们的目标是理解、解释和预测人类行为，从而使经济关系得到卓有成效的说明，并应用于经济预测、判断和政策制定。从预测的有用性这一角度来看，把除了极端狭隘的自利动机之外的所有其他动机全部抛弃这一做法，就是不正确的，能否得到经验的支持也是相当可疑的。对于我们的工作来说，走入这样一条狭窄的道路绝非幸事。

对“自利行为”进行系统而准确的描述是一件十分复杂的事情，到目前为止，我还没有对此做过深入的分析，但它对于理解这样一个具有挑战性质的问题是相当重要的，即更深刻地洞察自利与人类行为之间的关系。

福利、目标与选择

80 在日常的经济学文献中，一个人总是被假设为会最大化其效用函数，而他的效用则仅仅依赖于他自己的消费并取决于他自己的选择。“自利行为”这一复杂结构有三个性质完全不同——基本相互独立——的特征：

1.以自我为中心的福利(self-centred welfare):一个人的福利仅仅依赖于他自己的消费(尤其不存在对他人的同情和憎恶)。

2.自我福利目标(self-welfare goals):一个人的目标就是最大化他自己的福利,以及(当存在不确定性时)这种福利的概率加权期望值(尤其是不直接重视他人的福利)。

3.自我目标选择(self-goal choice):每个人的每一行为选择直接受其目标引导(其他人所追求的目标被给定,不会因为认识到各自成功的相互依赖性而被约束或调整)。[①]

在标准的经济理论(如主流一般均衡分析)中,这三个特征往往被同时提出,并混合在一起,不过,把它们分离出来的可能性还是存在的。例如,即使一个人的唯一目标是他自己的福利最大化,而且他的选择所反映的也只是这一目标〔可参见温特(1969);阿切波尔德和唐纳尔森(1976)〕,那么,他的福利也不可能完全由他自己的消费决定。换言之,一个人的福利可能仅仅依赖于他自己的消费,但其目标所涉及的却不仅仅是他自己的福利最大化〔可参见阿克洛夫(1983)〕。对自利行为的各种偏离都可以在这三个特征要求的一个、两个或三个全部被违反的情况中找到〔见阿马蒂亚·森(1985d)〕。

当人们赋予福利经济学考虑以重要意义时,就有可能出现这些特征被违反的后果。因为伦理学考虑不仅会提倡某种不同于个人福利目标的最大化,而且还会提倡把一个人的福利建立在比个人消费更加广阔的基础之上。暗含在人类行为中的与这三个特征

① 关于这些条件及其意义的研究,可参见阿马蒂亚·森(1985d)。

紧紧联系在一起的各种伦理思考，实际上是能够被系统地测试出来的。

最难处理的是**自我目标选择**这一特征。的确，给定他不能控制的其他事情（包括他人的选择），似乎就可以合理地预期一个人将选择最有助于他自己的目标（包括道德目标，如果有的话）的行为——这也许是毫无例外的。

自我目标选择这一假设条件所具有的真正困难不是因为缺乏直觉合理性，而是因为在由目标各异的人所构成的集体中，自我目标选择的应用与让个人遵守一个与此不同的行为准则[①]相比，个人的目标可能会得到更不充分的满足。在一些标准的博弈论中，这类问题很容易得到说明，如“囚徒困境”（prisoner’s dilemma）有关“囚徒困境”情况中涉及问题的本质例证可见鲁斯和来伐（Raiffa）（1957）、奥尔森（OLson）（1965）、帕费特（1984）。[②] 当然，这些博弈是人为构造的，但是，它们与现实生活中的各种问题十分
82 相近——包括许多经济问题——并且把我们的注意力吸引到主要的社会行为问题上。

在“囚徒困境”中，每个人都有一个“严格占优”（strictly dominant）的个人策略，其含义是无论别人做什么，这一策略（自我目标）总可以使自己的目标最大化。但是，如果每个人都采取不同于

① 如团体利益最大化或追求团体的成功。——译者注

② 也可参阅鲍莫尔（Baumol）（1952）、阿马蒂亚·森（1961，1967a，1974）、马格林（1963）、瓦特金斯（Watkins）（1974，1985）、泰勒（1976）、魏马克（1978）、多尔（Doel）（1979）、哈丁（Hardin）（1982）、巴克拉克（Bacharach）（1985）、坎伯尔和索登（Sowden）（1985）、戈西尔（1986）。

占优策略的策略（更合作的策略），他们的目标反而能够得到更大的满足。的确，根据“自我目标”选择，每个人都应该采取非合作的策略，但其结果却比采取合作策略要差。① 在许多应用经济学领域中都存在着这类问题，在现实生活中也存在与之相类似的问题。83 
例如，工业生产能力的提高依赖于所有人的共同努力，但就个人而言，选择不努力工作可能更有利于自己目标的实现（享受其他人努力的成果）。

关于博弈论的行为实验研究也显示出偏离自我目标选择的情况〔可参见拉维（Lave）（1962）、拉波特（Rapoport）和查马赫（Chammah）（1965）、阿克赛罗德（Axelrod）（1984）〕。在涉及经济和社会事务的实际生活经验中，这类偏离是可以被清楚地观察到的。有证据表明，有时候，人们会遵从某种特定的行为准则，而这

① 注意，即使参与博弈的双方都是非常“有道德的”，且不是简单地最大化他们各自的福利，“囚徒困境”也仍然会出现〔见帕费特（1984）〕。事实上，我们也不难发现，造成“囚徒困境”的关键是“自我目标选择”，而不是“以自我为中心的福利”或“自我福利目标”。即使博弈双方对目标的有道德排序不同，他们也仍有可能被卷入一个“囚徒困境”之中；只要他们都是在追求“自我目标选择”，所有常见的结果就会相继出现。但是，这并不能被理解为，关于“囚徒困境”这一博弈没有道德解，因为，道德不仅意味着一个特定的目标集合而不是其他任何目标集合，而且它还意味着行为、行为导向与目标、目的、价值等之间的关系。目标与选择之间的对应问题，不仅存在于结果主义的一般理论中〔见贝纳德·威廉姆斯（1973）〕，而且还存在于从别人的目标出发来评定自己目标的行为含义的时候〔见温（1974，1983a）、戈西尔（1986）〕。特别需要指出的是，即使后者是有道德的排序而不仅仅是个人福利的反映，把个人可能排序的变异排序（meta-ranking）考虑进去也是必要的。这类变异排序概念及其批判研究，可参见富兰克福特（Frankfurt）（1971）、杰弗里（1974）、阿马蒂亚·森（1974，1977c）、贝尔（1977）、贝根特（Baigent）（1980）、麦加姆达（1980）、帕塔奈克（1980）、霍利斯（1981）、范德温（1981）、赫希曼（1982）、麦克弗尔森（1982，1984）、谢林（1984）、希克（1984）。关于一个既定排序的少量信息内容的结论也可以应用于有道德的排序（阿马蒂亚·森 1984a）。

一行为准则是与他们所认可的或最终追求的目标相悖的，并且，这样的事情有时也会发生在他们并没有赋予这一行为准则以任何*内在*重要性的时候。遵从这样的行为准则可能是出于工具理性，因为整体利益的增加可以使*每个人*的个人目标得到更大的满足，虽然在他人的策略选择为既定的情况下，每个人本来可以采取与此不同的策略来促进各自目标的实现。

最近几年，有关研究表明，在*有限重复的*“囚徒困境”博弈中，合作行为是普遍存在的，在此基础上，一种扩展的博弈理论发展起来了，这是一个非常有意义的、非常重要的发展。一种已经得到普遍认同的观点是，在有限重复的“囚徒困境”中不会出现合作行为。因为，在某一轮博弈中，如果一方不做出自利的目标选择，他就必须等到下一轮获得对手做出“好意的反应”(favourable response)时才能得到回报。很明显，在博弈的*最后*一轮中，将不会有人偏离
84 自利目标，因为再也没有下一轮了。由于在最后一轮博弈中，双方都不愿意偏离自利目标，那么，在*倒数第二轮*中，也不会有非自利的行为发生。依此类推，可以证明，在整个博弈过程的任何轮次中，都不会有偏离自利目标的选择。而实际上，在这类博弈中确实有合作出现。

在正式的文献中，有人试图通过引入博弈者在知识方面或理论方面的某种“缺陷”来解释合作行为。比如，博弈者可能不知道博弈将要进行多少次，因此也就不可能做出前面的那种倒推；或者，博弈者可能不完全知道对手的目标或知识，因此他们确信——失误总是会发生的——对手实际上会乐于合作，并做出相应的反应；或者，在没有进行各种可能性检验的情况下，就武断地把人类

可能的行为模式限定在某些特殊的方面。①

这些“缺陷”可能确实存在，但是下面的情况也确实可能存在，即合作行为的出现存在着另外一种解释。实际上，不仅在**无重复**的博弈中，而且在无重复的现实生活中，合作行为都是经常可见的。对于这一现象，一种可能的解释是，一个人的真正目标并非其正在努力最大化的那一目标。同时，下面的这种情况也有可能存在，即人们清楚地理解他们的目标所在，并希望实现自己目标的最 85
大化，但是，由于认识到了成功的相互依赖性，从而关心他人的目标。②

任何行为总会带有一定的社会性。关于“我们”应该做什么或什么应该是“我们的”策略这类问题的思考，反映了我们对自己社会身份的认同，包括对他人目标和相互依赖性的认同。虽然他人的目标并不可能被纳入一个人自己的目标中，但是对相互依赖性的一致认同，会给出某种特定的行为准则：这一行为准则不必具有**内在**的价值，但对于促进团体中各成员的目标实现却具有很大的**工具**价值。

博弈论的语言——还有经济学理论的语言——使得对于这类行为模式的研究变得十分困难，这是因为它们很容易误导人类，使其认为无论一个人表面上最大化的是什么，基于一个简单的解释，

① 见泰勒(1967)，巴苏(1977)，拉德纳(Radner)(1980)，斯迈尔(Smale)(1980)，阿克赛罗德(1981，1984)，哈丁(1982)，克莱普斯(Kreps)、米尔格鲁姆(Milgrom)、罗伯茨和威尔逊(1982)。

② 见阿马蒂亚·森(1973a，1974)、魏特金斯(1974，1985)、乌尔曼-马格利特(1977)、莱维(1982)、宾摩尔(Binmore)(1984)、帕费特(1984)。关于与社会习惯特性相联系的一些事情，可参见莱维斯(1969)和吉尔波特(1983)的另外一种解释。

都必定是他的真正目标。但是，实际上，一个人能够最大化什么，取决于他把什么当做能够控制的适当变量，以及在每个博弈者看来什么变化可以被视为正确的和可操作的控制手段。为了一般地
86 追求个人目标而接受特定社会准则的工具价值时，一个人的真正目标与其最大化的目标之间的区别就会变得模糊起来。如果互惠不是被认为具有内在价值而是只具有工具价值，并且，如果为了更好地实现每个人个人的目标，而认同互惠并采取互惠的行为的话，那么，就很难说一个人的“真正目标”是追求互惠而不是他们个人的实际目标。

用这种方法去研究“囚徒困境”中的合作问题远比使用其他方法更具有优势。[①] 首先，这一方法也可以用于无重复“囚徒困境”博弈，以及现实生活中大量与之相类似的情况。第二，它不需要通过引入知识背景方面的某种“缺陷”来寻求问题的答案。也许人们是无知的，但是如果一个“理性”行为模型要凭借着人们的无知才能取得理想的结果，而当人们具有更多的知识时就不能取得这些结果的话，那么，这一模型中肯定存在着谬误。

当然，我们必须承认，在社会工具这一概念中也存在着含糊性，虽然它具有一些表面上的合理性。的确，在这一讲的前面，我在分析有关准则的冲突时所提到的不完备性和过度决定性（过度完备性）与这里所说的含糊性有一定的联系。如果一个人从社会策略的角度进行行为选择，关心“囚徒困境”中他人的目标，那么，采取合作的策略就具有一定的适宜性：“它对我们所有人各自的目

① 我曾探索过这一分析路径及其含义，见阿马蒂亚·森（1985d，1986d）。

标都更为有利。”另一方面，如果每个人都只考虑自己的目标，并且对对手的行为假设是正确的，即在他做出自己的选择时，对手的行 87
为确实是固定不变的（不依赖于他的行为选择），那么，非合作行为的占优策略的确是相当有吸引力的：“对每个人来说，在其他人选择不变的条件下，占优策略当然是更好的策略。”这两种行为的论据都是相当充分的，而且它们可以分别为上述两种行为提供十分完美的理由。

把这一困境看成是一个已经完全解决的问题（赞成“平衡完备的排序”），或看成是具有不完备性的一个例子（“选择每一种行为的理由都是不充分的”），或看成是过度完备的一个例证（“两种行为都有令人信服的理由，但它们是相互冲突的”）都不重要。重要的是要认识到，关于这一理由的本义存在着真正的含糊性。[①] 接受社会行为工具作用的理由，即反对每一个人的占优策略是不容易被摒弃的，还不完全清楚的是，为什么这种团体理性考虑方式不能影响人类的实际行为，而这并不要求人们在知识方面有任何“缺陷”。因此，对实验性博弈的观察，或对现实生活的观察，也许根本就没有这么违反直觉。

事实上，就连亚当·斯密也赞成“行为准则”的工具重要性：“那些一般的行为准则，当它们经过我们的日常反省而在我们的头脑中固定下来时，那些在特定处境中什么是适宜的和应该的行为，对于纠正我们对自利的曲解是非常有用的”（亚当·斯密 1790，p.

---

① 这种含糊性不是一种困惑。事实上，“囚徒困境”的实际结果也不是一成不变的。理性条件的含糊性和根源，可能是两个同样有力的准则之间不可避免的冲突。

88 160)。在这样的社会道德中存在着复杂的工具伦理。在促进产业关系发展、企业内部生产力提高，以及其他经济实践中，这类行为也许是非常重要的。①

行为、伦理学与经济学

从上面的分析中，我们可以得出一个非常有意义的结论，即对经济理论中的标准行为假设的背离——结合以自我为中心的行为的三个组成部分——会因为各种不同的伦理考虑而出现。人们可能会产生对他人的亲善和同情，也可能忠诚于各种各样的事业，进一步讲，人们有可能忠诚于一些特定的行为模式，这些特定的行为模式被认为是神圣不可侵犯的。但是，与此同时，还有其他一些行

① "间接功利主义"〔哈萨尼(1982,1983)、哈里(1981,1982)〕已经提出了把对准则的忠诚纳入功利主义计算的主张，以适应"规则功利主义"(rule utilitarianism)。这种办法对于扩大功利主义者争论的范围是非常有利的，也有利于避免以行为为基础的功利主义者的一些非常愚蠢的想法〔见纪伯德(1965)〕。但是，也必须注意到一些问题的严重性。首先，"规则功利主义"基本上是"规则结果主义(rule consequentialism)"和"福利主义"的混合物，隐藏在"规则功利主义"之中的"福利主义"会限制范围的扩大，因为个人有可能不仅仅根据效用来判断事情的状态。第二，任何种类的"规则功利主义"都有可能产生比以行为为基础的推理(把遵守准则的行为当作一个不充分的约束)本来可以产生的状态更坏的状态。有关这种情况的例子好像是非常可信的〔见莱昂斯(Lyons)(1982)〕。哈萨尼(1977)给出了"规则功利主义"的一种阐述，它依赖于不同人立场的基本对称性。但是，在非对称的环境中，这一观点就是不适用的。对"行动结果主义"(act consequentialism)的一般忠诚和对"规则结果主义"的一般忠诚都不能适用于所有环境——事实上，也不存在"单一核心的结果主义"〔阿马蒂亚·森(1979b)〕。有关问题，可参见里根(1980)和帕费特(1984)。所谓"社会理性"需要更复杂的阐述，需要对可能而不确定的社会环境给予更多的关注——特别是行为关系、结果和价值中的对称性或不对称性。在即将由哈佛大学出版社和布莱克韦尔出版社出版的我的一部专著(暂时称为《理性与社会》)中，我对这些问题做了进一步的分析。

为模式存在，对这些行为模式的忠诚不是因为它具有任何内在价值，而因为它具有工具重要性——对个人或集体来说都是这样。89
后面这一考虑对于标准经济学中由外部性影响（或非市场的相互依赖性）所导致的市场失灵情况或许是有意义的。如果允许对自利行为的偏离——包括违反上述三个特定要素中的任何一个——系统地进入经济学分析的话，那么，就必须重新表述克服这些外部性影响的激励机制问题。

我必须在这里停下来。我曾一再强调，通过更多地关注伦理学，福利经济学可以得到极大的丰富；同时，伦理学与经济学更紧密的结合，也可以使伦理学的研究大受裨益。我还曾指出，在人类行为的决定中，如果给福利经济学考虑留下更大的空间，预测经济学和描述经济学也可以从中受益。我从不认为这些都是非常容易做到的事情，因为它们涉及一些根深蒂固的含糊性和与生俱来的复杂性。但是，经济学是否应该与伦理学有更多的联系，却不能根据这些事情是否容易做到而定，而要看这样做是否值得。我已经指出，可以期望得到的回报是相当大的。

参考文献

Ackerman, B.A. 1980: *Social Justice in the Liberal State*. New Haven, Conn.: Yale University Press.

Adelman, I. 1975: Development economics – a reassessment of goals. *American Economic Review*, 65.

Ahluwalia, M.S. 1978: Rural poverty and agricultural performance in India. *Journal of Development Studies*, 14.

Aigner, D.J. and Heins, A.J. 1967: A social welfare view of the measurement of income inequality. *Review of Income and Wealth*, 13.

Aizerman, M.A. 1985: New problems in the general choice theory: review of a research trend. *Social Choice and Welfare*, 2.

Akerlof, G.A. 1983: Loyalty Filters. *American Economic Review*, 73.

Akerlof, G.A. 1984: *An Economic Theorist's Book of Tales*. Cambridge: University Press.

Akerlof, G.A. and Dickens, W.T. 1982: The economic consequences of cognitive dissonance. *American Economic Review*, 72.

Aldrich, J. 1977: The dilemma of a Paretian liberal: some consequences of Sen's theorem. *Public Choice*, 30.

Allais, M. 1953: Le Comportement de l'Homme Rationnel devant le Risque: Critique de Postulats et Axiomes de l'Ecole Americaine. *Econometrica*, 21.

Allais, M. and Hagen, O. (eds) 1979: *Expected Utility Hypothesis and the Arrow Paradox*. Dordrecht: Reidel.

Anand, S. 1977: Aspects of poverty in Malaysia. *Review of Income and Wealth*, 23.

Anand, S. 1983: *Inequality and Poverty in Malaysia*. New York: Oxford University Press.

Archibald, G.C. and Donaldson, D. 1976: Non-paternalism and

the basic theorems of welfare economics. *Canadian Journal of Economics*, 9.

Archibald, G.C. and Donaldson, D. 1979: Notes on economic inequality. *Journal of Public Economics*, 12.

Aristotle, *The Nicomachean Ethics*; English translation, Ross (1980).

Aristotle, *Politics*; English translation, Barker (1958).

Arrow, K.J. 1951a: *Social Choice and Individual Values*. New York.

Arrow, K.J. 1951b: An extension of the basic theorems of classic welfare economics. In J. Neyman (ed.), *Proceedings of the Second Berkeley Symposium of Mathematical Statistics*, Berkeley, Calif.: University of California Press.

Arrow, K.J. 1959: Rational choice functions and orderings. *Economica*, 26.

Arrow, K.J. 1963: *Social Choice and Individual Values*, 2nd (extended) edition, New York: Wiley.

Arrow, K.J. 1973: Some ordinalist-utilitarian notes on Rawls's theory of justice. *Journal of Philosophy*, 70.

Arrow, K.J. 1977: Extended sympathy and the possibility of social choice. *American Economic Review*, 67.

Arrow, K.J. 1982: Risk perception in psychology and economics. *Economic Inquiry*, 20.

Arrow, K.J. 1983: Behaviour under uncertainty and its implications for policy, in Stigum and Wenstop (1983).

Arrow, K.J. and Hahn, F.H. 1971: *General Competitive Analysis*. San Francisco: Holden-Day; republished, Amsterdam: North-Holland, 1979.

Atkinson, A.B. 1970: On the measurement of inequality, *Journal of Economic Theory*, 2 (reprinted in Atkinson 1983).

Atkinson, A.B. 1975: *The Economics of Inequality*. Oxford: Clarendon Press.

Atkinson, A.B. 1983: *Social Justice and Public Policy*. Brighton: Wheatsheaf; and Cambridge, Mass.: MIT Press.

Atkinson, A.B. and Bourguignon, F. 1982: The comparison of multidimensional distributions of economic status. *Review of Economic Studies*, 49.

Aumann, R.J. and Kurz, M. 1977: Power and taxes, *Econometrica*, 45.

Austen-Smith, D. 1979: Fair rights. *Economic Letters*, 4.

Austen-Smith, D. 1982: Restricted Pareto and rights. *Journal of Economic Theory*, 26.

Axelrod, R. 1981: The Emergence of Cooperation among Egoists. *American Political Science Review*, 75.

Axelrod, R. 1984: The Evolution of Cooperation. New York: Academic Press.

Bacharach, M. 1985: *A Theory of Rational Decisions in Games*, mimeographed, Christ Church, Oxford.

Baier, K. 1977: Rationality and morality, *Erkenntnis*, 11.

Baigent, N. 1980: Social choice correspondences, *Recherches Economiques de Louvain*, 46.

Bardhan, P. 1984: *Land, labour and rural poverty*. New York: Columbia University Press.

Barker, E. 1958: *The Politics of Aristotle*. London: Oxford University Press.

Barnes, J. 1980: Freedom, rationality and paradox, *Canadian Journal of Philosophy*, 10.

Barry, B. 1986: "Lady Chatterley's Lover and Doctor Fischer's Bomb Party: Liberalism, Pareto Optimality, and the Problem of Objectionable Preferences," in Elster and Hylland (1986).

Basu, K. 1977: Information and strategy in iterated prisoners' dilemma. *Theory and Decision*, 8.

Basu, K. 1979: *Revealed preference of the Government*. Cambridge: University Press.

Basu, K. 1984: The right to give up rights. *Economica, 51.*

Batra, R. and Pattanaik, P.K. *1972:* On some suggestions for having non-binary social choice functions. *Theory and Decision*, 3.

Baumol, W.J. 1952: *Welfare Economics and the Theory of the State*. Cambridge, Mass.: Harvard University Press; 2nd edition, 1966.

Becker G.S. 1976: *The Economic Approach to Human Behaviour*. Chicago: University Press.

Becker G.S. 1981: *A Treatise on the Family*. Cambridge, Mass.: Harvard University Press.

Becker, G.S. 1983: A theory of competition among pressure groups for political influence. *Quarterly Journal of Economics*, 98.

Bell, D.E. 1982: Regret in decision making under uncertainty. *Operations Research*, 30.

Bell, D. and Kristol, I. 1981: *The Crisis in Economic Theory*. New York: Basic Books.

Bentzel, R. 1970: The Social Significance of Income Distribution Statistics. *Review of Income and Wealth*, 16.

Bergson, A. 1938: A reformulation of certain aspects of welfare economics, *Quarterly Journal of Economics*, 52.

Bergstrom, T. 1970: A 'Scandinavian consensus' solution for efficient income distribution among nonmalevolent consumers. *Journal of Economic Theory*, 2.

Berlin, I. 1978: *Concepts and Categories*. Oxford: University Press.

Bernholz, P. 1974: Is a Paretian liberal really impossible? *Public Choice*, 19.

Bernholz, P. 1980: A general social dilemma: profitable exchange and intransitive group preferences. *Zeitschrift für Nationalökonomie*, 40.

Bezembinder, Th. and van Acker, P. 1986: Factual versus Representational Utilities and Their Interdimensional Comparisons, mimeographed, Catholic University, Nijmegen.

Bhattacharya, N. and Chatterjee, G.S. 1977: A further note on between state variations in levels of living in India, mimeographed. Forthcoming in Srinivasan and Bardhan (1986).

Bigman, D. 1986: *On the Measurement of Poverty and Deprivation*, Mimeographed, Hebrew University of Jerusalem.

Binmore, K. 1984: *Game Theory*. To be published. London: School of Economics.

Blackorby, C. 1975: Degrees of cardinality and aggregate partial ordering. *Econometrica*, 43.

Blackorby, C. and Donaldson, D. 1977: Utility versus equity: some plausible quasiorderings. *Journal of Public Economics*, 7.

Blackorby, C. and Donaldson, D. 1978: Measures of relative equality and their meanings in terms of social welfare, *Journal of Economic Theory*, 18.

Blackorby, C. and Donaldson, D. 1980: Ethical indices for the measurement of poverty. *Econometrica*, 48.

Blackorby, C. and Donaldson D. 1984: Ethically significant ordinal indexes of relative inequality, *Advances in Econometrics*, 3.

Blackorby, C., Donaldson, D. and Weymark, J. 1984: Social choice with interpersonal utility comparisons: a diagrammatic introduction. *International Economic Review*, 25.

Blair, D.H. and Pollak, R.A. 1983: Rational collective choice. *Scientific American*, 249 (April).

Blau, J.H. 1975: Liberal values and independence. *Review of Economic Studies*, 42.

Blau, J.H. 1976: Neutrality, monotonicity and the right of veto: a comment. *Econometrica*, 44.

Blaug, M. 1980: *The Methodology of Economics*. Cambridge: University Press.

Boadway, R.W. and Bruce, N. 1984: *Welfare Economics*. Oxford: Blackwell.

Bohm, P. and Kneese, A.V., eds. 1971. *The Economics of Environment*. London: Macmillan.

Borch, K. and Mossin, J. 1968: *Risk and Uncertainty*. London: Macmillan.

Bose, A. 1975: *Marxian and Post-Marxian Political Economy*. Harmondsworth: Penguin Books.

Bourguignon, F. 1979: Decomposable income inequality measures. *Econometrica*, 47.

Brams, S.J. 1975: *Game Theory and Politics*. New York: Free Press.

Brenkert, G.G. 1983: *Marx's Ethics of Freedom*, London: Routledge and Kegan Paul.

Brennan, G. and Lomasky, L. 1985: The impartial spectator goes to Washington: Toward a Smithian theory of electoral behavior. *Economics and Philosophy*, 1.

Breyer, F. 1977: The liberal paradox, decisiveness over issues, and domain restrictions. *Zeitschrift für Nationalökonomie*, 37.

Breyer, F. and Gardner, R. 1980: Liberal paradox, game equilibrium, and Gibbard optimum, *Public Choice*, 35.

Breyer, F. and Gigliotti, G.A. 1980: Empathy and the respect for the right of others. *Zeitschrift für Nationalökonomie*, 40.

Brittan, S. 1983: *The Role and Limits of Government: Essays in Political Economy*. London: Temple Smith.

Broder, I.E. and Morris, C.T. 1982: Socially weighted real income comparisons: an application to India. *World Development*.

Broome, J. 1978: Choice and value in economics. *Oxford Economic Papers*, 30.

Broome, J. 1984: Uncertainty and fairness. *Economic Journal*, 94.

Brown, D.J. 1975: Aggregation of preferences. *Quarterly Journal of Economics*, 89.
Buchanan, A.E. 1982: *Marx on Justice: The Radical Critique of Liberalism*. London: Methuen.
Buchanan, J.M. 1975: *The Limits of Liberty*. Chicago: University Press.
Buchanan, J.M. 1986: *Liberty, Market and the State*. Brighton: Wheatsheaf Books.
Buchanan, J.M. and Tullock, G. 1962: *The Calculus of Consent*. Ann Arbor: University of Michigan Press.
Calabresi, G. and Bobbitt, P. 1978: *Tragic Choices*. New York: Norton.
Campbell, D.E. 1976: Democratic preference functions. *Journal of Economic Theory*, 12.
Campbell, R. and Sowden, L. 1985: *Paradoxes of Rationality and Cooperation*. Vancouver: UBC Press.
Chakravarty, S.R. 1983a: Ethically flexible measures of poverty. *Canadian Journal of Economics*, 16.
Chakravarty, S.R. 1983b: Measures of poverty based on income gap, *Sankhya*, 45.
Chakravarty, Sukhamoy 1969: *Capital and Development Planning*. Cambridge, Mass.: MIT Press.
Chapman, B. 1983: Rights as constraints: Nozick versus Sen. *Theory and Decision*, 15.
Chichilnisky, G. 1980: Basic needs and global models: resources, trade and distribution. *Alternatives*, 6.
Chichilnisky, G. and Heal, G. 1983: Necessary and sufficient conditions for a resolution of the social choice paradox. *Journal of Economic Theory*, 31.
Chipman, J.S., Hurwicz, L., Richter, M.K. and Sonnenschein, H.F. 1971: *Preference, Utility and Demand*. New York: Harcourt.
Clark, S., Hemming, R. and Ulph, D. 1981: On indices for the measurement of poverty. *Economic Journal*, 91.
Cohen, G.A. 1978: *Karl Marx's Theory of History: A Defence*. Oxford: Clarendon Press.
Collard, D. 1975: Edgeworth's propositions on altruism. *Economic Journal*, 85.
Collard, D. 1978: *Altruism and Economy*. Oxford: Martin Robertson.
Cowell, F.A. 1977: *Measuring Inequality*. New York: Wiley.

Daboni, L., Montesano, A. and Lines, M. (eds) 1986: *Recent Developments in the Foundations of Utility and Risk Theory*. Dordrecht: Reidel.

Dalton, H. 1920: The measurement of inequality of incomes. *Economic Journal*, 30.

Daniels, N., ed. 1975: *Reading Rawls*. Oxford: Blackwell.

Dasgupta, A.K. 1985: *Epochs of Economic Theory*. Oxford: Blackwell.

Dasgupta, P. 1982a: *The Control of Resources*. Oxford: Blackwell.

Dasgupta, P. 1982b: Utilitarianism, information and rights, in Sen and Williams (1982).

Dasgupta, P. 1986: Positive freedom, markets and the welfare state. *Oxford Review of Economic Policy*, 2.

Dasgupta, P. and Heal, G. 1979: *Economic Theory and Exhaustible Resources*. London: James Nisbet, and Cambridge: University Press.

Dasgupta, P., Hammond, P. and Maskin, E. 1979: The implementation of social choice rules: some general results on incentive compatibility. *Review of Economic Studies*. 46.

Dasgupta, P., Sen, A. and Starrett, D. 1973: Notes on the measurement of inequality, *Journal of Economic Theory*, 6.

d'Aspremont, C. 1985: Axioms for social welfare orderings, in Hurwicz, Schmeidler and Sonnenschein (1985).

d'Aspremont, C. and Gevers, L. 1977: Equity and informational basis of collective choice. *Review of Economic Studies*, 44.

Davidson, D. 1985a: *Essays on Actions and Events*. Oxford: Clarendon Press.

Davidson D. 1985b: A new basis for decision theory, *Theory and Decision*, 18; also in Daboni, Montesano and Lines (1986).

Davidson, D. 1986: Judging interpersonal interests, in Elster and Hylland (1986).

Davidson, D., Suppes, P. and Siegel, S. 1957: *Decision Making: An Experimental Approach*. Stanford: University Press.

Dawkins, R. 1976: *The Selfish Gene*. Oxford: Clarendon Press.

Dawkins, R. 1982: *The Extended Phenotype*. Oxford: Clarendon Press.

Deaton, A. and Muellbauer, J. 1980: *Economics and Consumer Behaviour*. Cambridge: University Press.

Debreu, G. 1959: *Theory of Value*. New York: Wiley.

Deschamps, R. and Gevers, L. 1978: Leximin and utilitarian rules: a joint characterisation. *Journal of Economic Theory*, 17.

Diwan, R. and Lutz, M. 1985: *Essays in Gandhian Economics*. New Delhi: Gandhi Peace Foundation.
Doel, H. van den 1979: *Democracy and Welfare Economics*. Cambridge: University Press.
Donaldson, D. and Weymark, J. 1986: Properties of fixed-population poverty indices. *International Economic Review*, 27.
Dore, R. 1983: Goodwill and the spirit of market capitalism. *British Journal of Sociology*, 34.
Dore, R. 1984: *Authority and Benevolence: The Confucian Recipe for Industrial Success*. The McCallum Lecture, Pembroke College, Oxford.
Douglas, J. 1983: *Why Charity? The Case for a Third Sector*. London: Sage.
Dummett, M. 1984: *Voting Procedures*. Oxford: Clarendon Press.
Dutta, B. 1978: On the Measurement of Poverty in Rural India. *Indian Economic Review*, 13.
Dutta, B. 1980: Intersectoral disparities and incomes distribution in India: 1960–61 to 1973–74. *Indian Economic Review*, 15.
Dworkin, R. 1978: *Taking Rights Seriously*, 2nd edition. London: Duckworth.
Dworkin, R. 1981: What is equality? Part 1: Equality of Welfare, and What is Equality? Part 2: Equality of Resources. *Philosophy and Public Affairs*, 10.
Dyke, C. 1981: *Philosophy of Economics*. Englewood Cliffs, N.J.: Prentice-Hall.
Ebert, U. 1985: *Measurement of Inequality: An Attempt at Unification and Generalization*, Discussion Paper A-23, University of Bonn.
Edgeworth, F. 1881: *Mathematical Psychics: An Essay on the Application of Mathematics to the Moral Sciences*. London: Kegan Paul.
Eichorn, W. and Gehrig, W. 1982: Measurement of inequality in economics. In B. Korte (ed.), *Modern Applied Mathematics: Optimization and Operations Research*. Amsterdam: North-Holland.
Elster, J. 1978: *Logic and Society*. New York: Wiley.
Elster, J. 1979: *Ulysses and the Sirens*. Cambridge: University Press.
Elster, J. 1983: *Sour Grapes*. Cambridge: University Press.
Elster, J. 1986: *Making Sense of Marx*. Cambridge: Cambridge University Press.

Elster, J. and Hylland, A. (eds) 1986: *Foundations of Social Choice Theory*. Cambridge: University Press.

Farrell, M.J. 1976: Liberalism in the theory of social choice. *Review of Economic Studies*, 43.

Feinberg, J. 1980: *Rights, Justice, and the Bounds of Liberty*. Princeton: University Press.

Feldman, A. 1980: *Welfare Economics and Social Choice Theory*. Boston: Martinus Nijhoff.

Feldman, A. and Kirman, A. 1974: Fairness and envy. *American Economic Review*, 64.

Ferejohn, J.A. 1978: The distribution of rights in society. In Gottinger and Leinfellner (1978).

Fields, G.S. 1980: *Poverty, Inequality, and Development*. Cambridge: University Press.

Fields, G.S. and Fei, J.C.H. 1978: On inequality comparisons. *Econometrica*, 46.

Fine, B.J. 1975a: A note on 'Interpersonal Aggregation and Partial Comparability'. *Econometrica*, 43.

Fine, B.J. 1975b: Individual liberalism in a Paretian society. *Journal of Political Economy*, 83.

Finnis, J. 1983: *Fundamentals of Ethics*. Oxford: Clarendon Press.

Fishburn, P.C. 1973: *The Theory of Social Choice*. Princeton: University Press.

Fishburn, P.C. 1974: Choice functions on finite sets. *International Economic Review*, 15.

Fisher, F.M. 1956: Income distribution, value judgments and welfare. *Quarterly Journal of Economics*, 70.

Fisher, F.M. and Rothenberg, J. 1961: How income ought to be distributed: paradox lost. *Journal of Political Economy*, 69.

Fishkin, J.S. 1979: *Tyranny and Legitimacy*. Baltimore, Md.: Johns Hopkins University Press.

Fishkin, J.S. 1982; *The Limits of Obligation*. New Haven, Conn.: Yale University Press.

Fishkin, J.S. 1983: *Justice, Equal Opportunity and the Family*. New Haven, Conn.: Yale University Press.

Fishkin, J.S. 1984: *Beyond Subjective Morality*. New Haven, Conn.: Yale University Press.

Fishlow, A. *et al.* (eds) 1978: *Rich and Poor Nations in the World Economy*. New York: McGraw-Hill.

Foley, D. 1967: Resource allocation in the public sector. *Yale Economic Essays*, 7.

Foot, P. 1983: Moral realism and moral dilemma. *Journal of Philosophy*, 80.

Foot, P. 1985: Utilitarianism and the virtues. *Mind*, 94.

Foster, J. 1984: On economic poverty: a survey of aggregate measures. *Advances in Econometrics*, 3.

Foster, J. 1986: Inequality measurement. In Young (1986).

Foster, J., Greer, J. and Thorbecke, E. 1984: A class of decomposable poverty measures. *Econometrica*, 42.

Fountain, J. 1980: Bowley's analysis of bilateral monopoly and Sen's liberal paradox in collective choice theory: a note. *Quarterly Journal of Economics*, 95.

Frank. R.H 1985: *Choosing the Right Pond*. New York: Oxford University Press.

Frankfurt, H. 1971: Freedom of the will and the concept of a person. *Journal of Philosophy*, 67.

Frey, B.S. 1983: *Democratic Economic Policy*. Oxford: Martin Robertson.

Fried, C. 1978: *Right and Wrong*, Cambridge, Mass.: Harvard University Press.

Friedman, M. 1953: *Essays in Positive Economics*. Chicago: University Press.

Friedman, M. and Friedman, R. 1980: *Free to Choose*. London: Secker & Warburg.

Frohlick, H. and Oppenheimer, J.A. 1984: Beyond economic man. *Journal of Conflict Resolution*. 28.

Gaertner, W. 1985: Justice constrained libertarian claims and Pareto efficient collective decisions. *Erkenntnis*, 23.

Gaertner, W. 1986: Pareto, independent rights exercising and strategic behaviour. *Journal of Economics: Zeitschrift für Nationalökenomie*, 46.

Gaertner, W. and Krüger, L. 1981: Self-supporting preferences and individual rights: the possibility of Paretian liberalism. *Economica*, 48.

Gaertner, W. and Krüger, L. 1983: Alternative libertarian claims and Sen's paradox. *Theory and Decision*, 15.

Garcia, J.L.A. 1986: Evaluator relativity and the theory of value. *Mind*, 95.

Gärdenfors, P. 1981: Rights, games and social choice. *Nous*, 15.

Gardner, R. 1980: The strategic inconsistency of Paretian liberalism. *Public Choice*, 35.

Gauthier, D. 1986: *Morals by Agreement*. Oxford: Clarendon Press.

George, D. 1984: Meta-Preferences: Reconsidering Contemporary Notions of Free Choice. In J.C. O'Brien, ed., *Festschrift in Honor of George F. Rohrlich*, Volume III. Bradford: MCB University Press.

Gevers, L. 1979: On interpersonal comparability and social welfare orderings. *Econometrica*, 47.

Gibbard, A. 1965: Rule utilitarianism: a merely illusory alternative? *Australasian Journal of Philosophy*, 93.

Gibbard, A. 1973: Manipulation of voting schemes: a general result. *Econometrica*, 41.

Gibbard, A. 1974: A Pareto-consistent libertarian claim. *Journal of Economic Theory*, 7.

Gibbard, A. 1986: Interpersonal comparisons: preference, good, and the intrinsic reward of a life. In Elster and Hylland (1986).

Gilbert, M. 1983: Agreements, Conventions, and Language, *Synthese*.

Goodin, R.E. 1985: *Protecting the Vulnerable*, Chicago: University Press.

Goodin, R.E. 1986: Laundering Preferences. In Elster and Hylland (1986).

Gorman, W.M. 1955: The intransitivity of certain criteria used in welfare economics. *Oxford Economic Papers*, 7.

Gorman, W.M. 1956: The demand for related goods. *Journal Paper J3129*, Iowa Experimental Station, Ames, IA.

Gorman, W.M. 1976: Tricks with utility function. In M.J. Artis and A.R. Nobay (eds), *Essays in Economic Analysis*. Cambridge: University Press.

Gosling, J.C.B. 1969: *Pleasure and Desire*. Oxford: Clarendon Press.

Gottinger, H.W. and Leinfellner, W. (eds) 1978: *Decision Theory and Social Ethics*. Dordrecht: Reidel.

Graaff, J. de v. 1957: *Theoretical Welfare Economics*. Cambridge: University Press.

Graaff, J. de v. 1977: Equity and efficiency as components of general welfare. *South African Journal of Economices*, 45.

Graaff, J. de v. 1985: Normative measurement theory, to be published.

Grant, J.P. 1978: *Disparity Reduction Rates in Social Indicators*. Washington D.C.: Overseas Development Council.

Green, E.T. 1980: Libertarian aggregation of preferences: what the 'Coase theorem' might have said. Social Science Working Paper 315, California Institute of Technology.

Green, J. and Laffont, J.-J. 1979: *Incentives in Public Decision Making*. Amsterdam: North-Holland.

Griffin, J. 1982: Modern utilitarianism. *Revue Internationale de Philosophie*, 36.

Griffin, J. 1986: *Well-being*. Oxford: Clarendon Press.

Griffin, K. 1976: *Land Concentration and Rural Poverty*. London: Macmillan.

Grossbard, A. 1980: The economics of polygomy. In J. Simon and J. Davanzo (eds), *Research in Population Economy*, vol. 2, Greenwich, Conn.: JAI Press.

Groves, T. and Ledyard, J. 1977: Optimal allocation of public goods: a solution to the 'free rider' problem. *Econometrica*, 46.

Guha, A.S. 1972: Neutrality, monotonicity and the right of veto. *Econometrica*, 40.

Guha, A.S. 1981: *An Evolutionary View of Economic Growth*. Oxford: Clarendon Press.

Hahn, F. 1982: On some difficulties of the utilitarian economist. In Sen and Williams (1982).

Hahn, F. and Hollis, M. (eds) 1979: *Philosophy and Economic Theory*, Oxford: University Press.

Haksar, V. 1979: *Equality, Liberty and Perfectionism*. Oxford: Clarendon Press.

Hamada, K., and Takayama, N. 1978: Censored income distributions and the measurement of poverty. *Bulletin of International Statistical Institute*, 47.

Hammond, P.J. 1976a: Equity, Arrow's conditions, and Rawls' difference principle. *Econometrica*, 44.

Hammond, P.J. 1976b: Why ethical measures of inequality need interpersonal comparisons. *Theory and Decision*, 7.

Hammond, P.J. 1977: Dual interpersonal comparisons of utility and the welfare economics of income distribution. *Journal of Public Economics*, 6.

Hammond, P.J. 1978: Economic welfare with rank order price weighting. *Review of Economic Studies*. 45.

Hammond, P.J. 1981: Liberalism, independent rights and the Pareto principle. In J. Cohen (ed.), *Proceedings of the 6th International Congress of Logic, Methodology and Philosophy of Science*. Dordrecht: Reidel.

Hammond, P.J. 1982: Utilitarianism, uncertainty and information. In Sen and Williams (1982).

Hammond, P.J. 1986: Consequentialist social norms for public decisions. In W. Heller, D. Starr and R. Starrett (1986).

Hampshire, S. 1982: Morality and convention. In Sen and Williams (1982).

Hansson, B. 1968: Choice structures and preference relations. *Synthese*, 18.

Hansson, B. 1977: The measurement of social inequality. In R. Butts and J. Hintikka (eds) *Logic, Methodology and Philosophy of Science*. Dordrecht: Reidel.

Hardin, R. 1982: *Collective Action*. Baltimore, Md: Johns Hopkins University Press.

Hardin, R. 1985: Rational choice theories. Mimeographed; to be published in T. Ball (ed.), *Social and Political Inquiry*, forthcoming.

Hare, R.M. 1952: *The Language of Morals*, 2nd edition, 1961. Oxford: Clarendon Press.

Hare, R.M. 1963: *Freedom and Reason*. Oxford: Clarendon Press.

Hare, R.M. 1981: *Moral Thinking: Its Levels, Methods and Point*. Oxford: Clarendon Press.

Hare, R.M. 1982: Ethical theory and utilitarianism. In Sen and Williams (1982).

Harrison, R. (ed.) 1979: *Rational Action*. Cambridge: University Press.

Harrison, R. 1983: *Bentham*. London: Routledge.

Harsanyi, J.C. 1955: Cardinal welfare, individualistic ethics, and interpersonal comparisons of utility. *Journal of Political Economy*, 63.

Harsanyi, J.C. 1976: *Essays in Ethics, Social Behaviour and Scientific Explanation*. Dordrecht: Reidel.

Harsanyi, J.C. 1977: *Rational Behaviour and Bargaining Equilibrium in Games and Social Situations*. Cambridge: University Press.

Harsanyi, J.C. 1982: Morality and the theory of rational behaviour. In Sen and Williams (1982).

Harsanyi, J.C. 1983: *Rule Utilitarianism, Equality and Justice*. Working Paper CP-438, Center for Research in Management Science, University of California at Berkeley.

Hayek, F.A. 1960: *The Constitution of Liberty*. London: Routledge.

Hayek, F.A. 1967: *Studies in Philosophy, Politics and Economics*. London: Routledge.

Heller, W., Starr, R. and Starrett, D. (eds) 1986: *Social choice and Public Decision Making: Essays in Honor of K.J. Arrow*, vol. I. Cambridge: University Press.

Helm, D. 1984: Predictions and causes: a comparison of Friedman and Hicks on methods. *Oxford Economic Papers*, 36.

Helm, D. 1985: *Enforced Maximization*, D.Phil. thesis; to be published by Clarendon Press, Oxford.

Helm, D. 1986: The Assessment: the economic boarders of the state. *Oxford Review of Economic Policy*, 2.

Herzberger, H. 1973: Ordinal preference and rational choice. *Econometrica*, 41.

Hicks, J.R. 1939: *Value and Capital*. Oxford: Clarendon Press.

Hicks, J.R. 1959: A Manifesto. In his *Essays in World Economics*. Oxford: Clarendon Press; reprinted in Hicks (1981).

Hicks, J.R. 1969: *A Theory of Economic History*. Oxford: Clarendon Press.

Hicks, J.R. 1974: Preference and Welfare. In Mitra (1974).

Hicks, J.R. 1981: *Wealth and Welfare*. Oxford: Blackwell.

Hicks, J.R. 1983: A discipline not a science. In J.R. Hicks (ed.) *Classics and Moderns*. Oxford: Blackwell.

Hindess, B. 1983: Rational choice theory and the analysis of political action. *Economy and Society*, 13.

Hirsch, F. 1977: *Social Limits to Growth*. London: Routledge.

Hirshleifer, J. 1977: Economics from a Biological Viewpoint. *Journal of Law and Economcs*. 20.

Hirshleifer, J. 1985: The expanding domain of economics. *American Economic Review*, 75.

Hirschman, A.O. 1970: *Exit, Voice and Loyalty*. Cambridge, Mass.: Harvard University Press.

Hirschman, A.O. 1977: *The Passions and the Interests: Political Arguments for Capitalism before Its Triumph*. Princeton: University Press.

Hirschman, A.O. 1982: *Shifting Involvements*. Princeton: University Press

Hirschman, A.O. 1984: Against parsimony: three easy ways of complicating some categories of economic discourse. *American Economic Review*, 74; shorter version of Hirschman (1985).

Hirschman, A.O. 1985: Against parsimony: three easy ways of complicating some categories of economic discourse. *Economics and Philosophy* 7; the complete text shortened in Hirschman (1984).

Hollander, S. 1973: *The Economics of Adam Smith*. Toronto.

Hollis: M. 1979: Rational man and social science. In Harrison (1979).

Hollis, M. 1981: Economic man and the original sin. *Political Studies*, 29.

Hollis, M. and Nell, E.J. 1975: *Rational Economic Man*. Cambridge: University Press.

Honderich, T. (ed.) 1985: *Morality and Objectivity: A Tribute to J.L. Mackie*. London: Routledge & Kegan Paul.

Hurley, S.L. 1985a: Objectivity and Disagreements. In Honderich (1985).

Hurley, S.L. 1985b: Supervenience and the possibility of coherence. *Mind*, 94.

Hurwicz, L., Schmeidler, D. and Sonnenschein, H. (eds) 1985: *Social Goals and Social Organisation: Essays in Memory of Elisha Pazner*. Cambridge: University Press.

Hylland, A. 1986: The purpose and significance of social choice theory: some general remarks and application to the 'Lady Chatterley problem'. In Elster and Hylland (1986).

James, S. 1982: The duty to relieve suffering. *Ethics*, 93.

Jeffrey, R.C. 1971: On Interpersonal Utility Theory. *Journal of Philosophy*, 68.

Jeffrey, R.C. 1974: Preferences among preferences. *Journal of Philosophy*, 71.

Jorgenson, D.W., Lau, L.J. and Stoker, T.M. 1980: Welfare comparison under exact aggregation. *American Economic Review*, 70.

Jorgenson, D.W. and Slesnick, D.T. 1984a: Inequality in the distribution of individual welfare. *Advances in Econometrics*, 3.

Jorgenson, D.W. and Slesnick, D.T. 1984b: Aggregate consumer behaviour and the measurement of inequality. *Review of Economic Studies*, 51.

Jorgenson, D.W. and Slesnick, D.T. 1986: *Redistribution Policy and the Elimination of Poverty*. Discussion Paper, Harvard Institute for Economic Research.

Kahneman, D. and Tversky A. 1979: Prospect Theory: An Analysis of Decisions under Risk. *Econometrica*, 47.

Kahneman, D., Slovik, P. and Tversky, A. 1982: *Judgment under Uncertainty: Heuristics and Biases*. Cambridge: University Press.
Kakwani, N. 1980a: On a Class of Poverty Measures. *Econometrica*, 48.
Kakwani, N. 1980b: *Income Inequality and Poverty*. New York: Oxford University Press.
Kakwani, N. 1981: Welfare measures: an international comparison. *Journal of Development Economics*, 8.
Kakwani, N. 1986: *Analysing Redistribution Policies*. Cambridge: University Press.
Kaldor, N. 1939: Welfare propositions in economics. *Economic Journal*, 49.
Kanbur, S.M. (Ravi) and Stromberg, J.O. 1986: Income transitions and income distribution dominance. *Journal of Economic Theory*.
Kaneko, M. 1984: On interpersonal utility comparisons. *Social Choice and Welfare*, 1.
Kanger, S. 1957: *New Foundations for Ethical Theory*, Part I, Stockholm.
Kanger, S. 1981: *Human Rights and Their Realization*. Uppsala: Department of Philosophy, University of Uppsala.
Kanger, S. 1972: Law and logic. *Theoria*, 38.
Kanger, S. 1976: *Choice Based on Preference*. Mimeographed, Uppsala University.
Kanger, S. 1985: On realization of human rights. *Acta Philosophica Fennica*, 38.
Kanger, S. and Kanger, H. 1966: Rights and parliamentarianism, *Theoria*, 32.
Karni, E. 1978: Collective Rationality, Unanimity and Liberal Ethics. *Review of Economic Studies*, 45.
Keeney, R.L. and Raiffa, H. 1976: *Decisions with Multiple Objectives*. New York: Wiley.
Kelly, J.S. 1976a: The impossibility of a just liberal. *Economica*, 43.
Kelly, J.S. 1976b: Rights-exercising and a Pareto-consistent libertarian claim. *Journal of Economic Theory*, 13.
Kelly, J.S. 1978: *Arrow Impossibility Theorems*. New York: Academic Press.
Kelsey, D. 1985: The liberal paradox: a generalization. *Social Choice and Welfare*, 1.
Kern, L. 1978: Comparative distribution ethics: an extension of

Sen's examination of the pure distribution problem. In Gottinger and Leinfellner (1978).
Kolm, S. Ch. 1969: The optimum production of social justice. In Margolis and Guitton (1969).
Kolm, S. Ch. 1976: Unequal inequalities. *Journal of Economic Theory*, 12.
Kornai, J. 1971: *Anti-Equilibrium*. Amsterdam: North-Holland.
Kornai, J. 1985: *Contradictions and Dilemmas*. Cambridge, Mass.: MIT Press.
Körner, S. (ed.) 1974: *Practical Reason*. Oxford: Blackwell.
Kreps, D., Milgrom, P., Roberts, J. and Wilson, R. 1982: Rational cooperation in finitely repeated prisoner's dilemma. *Journal of Economic Theory*, 27.
Krishna Rao, M.V. 1979: *Studies in Kautilya*. New Delhi: Munshiram Manoharlal.
Krüger, L. and Gaertner, W. 1983: Alternative libertarian claims and Sen's paradox. *Theory and Decision*, 15.
Kundu, A. and Smith, T.E. 1983: An impossibility theorem on poverty indices. *International Economic Review*, 24.
Kynch, J. and Sen, A. 1983: Indian women: well-being and survival. *Cambridge Journal of Economics*, 7.
Laffont, J.J. (ed.) 1979: *Aggregation and Revealed Preferences*. Amsterdam: North-Holland.

Lancaster, K.J. 1966: A new approach to consumer theory. *Journal of Political economy*, 74.
Lancaster, K.J. 1971: *Consumer Demand: A New Approach*. New York: Columbia University Press.
Latsis, S.J. (ed.) 1976: *Method and Appraisal in Economics*. Cambridge: University Press.
Lave, L.B. 1962: An empirical approach to the prisoner's dilemma game. *Quarterly Journal of Economics*, 76.
Le Breton, M., Trannoy, A. and Uriarte, J.R. 1985: Topological aggregation of inequality preorders. *Social Choice and Welfare*, 2.
Le Grand, J. 1984: Equity as an economic objective. *Journal of Applied Philosophy*, 1.
Leibenstein, H. 1976: *Beyond Economic Man*, Cambridge, Mass.: Harvard University Press.
Lemmon, E.J. 1962: Moral dilemmas. *Philosophical Review*, 71.
Levi, I. 1974: On indeterminate probabilities, *Journal of Philosophy*, 71.

Levi, I. 1982: Liberty and welfare. In Sen and Williams (1982).
Levi, I. 1986a: *Hard Choices*. Cambridge: University Press.
Levi, I. 1986b: The paradoxes of Allais and Ellsberg. *Economics and Philosophy*, 2.
Lewis, D. 1969: *Convention: A Philosophical Study*. Cambridge, Mass.: Harvard University Press.
Lindahl, L. 1977: *Position and Change*. Dordrecht: Reidel.
Lindbeck, A. 1985: Redistribution policies and the expansion of the public sector. *Journal of Public Economics*, 28.
Lindbeck, A. 1986: Stabilization policies in open economies with endogenous politicians. *American Economic Review*, 66.
Lipton, M. 1985: A problem in poverty measurement. *Mathematical Social Sciences*, 10.
Little, I.M.D. 1957: *A Critique of Welfare Economics*. 2nd edition. Oxford: Clarendon Press.
Loomes, G. and Sugden, R. 1982: Regret theory: an alternative theory of rational choice. *Economic Journal*, 92.
Luce, R.D. and Raiffa, H. 1957: *Games and Decisions*, New York: Wiley.
Lukes, S. 1985: *Marxism and Morality*. Oxford: Clarendon Press.
Lyons, D. 1982: Utility and rights. *Nomos*, 24.
Maasoumi, E. 1986: The measurement and decomposition of multidimensional inequality. *Econometrica*, 54.
McClennen, E.F. 1983: Sure thing doubts. In Stigum and Wenstop (1983).
McCloskey, D.N. 1985: *The Rhetoric of Economics*. Madison: University of Wisconsin Press.
MacCrimmon, K.R. 1968: Descriptive and normative implications of decision theory postulates. In Borch and Mossin (1968).
McDowell, J. 1981: Noncognitivism and Rule-following. In S.H. Holtzman and C.M. Leich (eds.), *Wittgenstein: To Follow a Rule*. London: Routledge & Kegan Paul.
McDowell, J. 1985: Values and secondary qualities. In Honderich (1985).
Machina, M. 1981: 'Rational' Decision Making vs. 'Rational' Decision Modelling. *Journal of Mathematical Psychology*, 24.
McKenzie, L. 1959: On the Existence of General Equilibrium for a Competitive Market. *Econometrica*, 27.
Mackie, J.L. 1978: *Ethics: Inventing Right and Wrong*. Harmondsworth: Penguin.

Mackie, J.L. 1986: The combination of paritally-ordered preferences. In J.L. Mackie, *Persons and Values*. Oxford: Clarendon Press.

McLean, I. 1980: Liberty, equality and the Pareto principle. *Analysis*, 40.

McLellan, D. 1977: *Karl Marx: Selected Writings*. Oxford: University Press.

McMurrin, S. (ed) 1980: *Tanner Lectures on Human Values*, vol. I. Cambridge: University Press.

McPherson, M.S. 1982: Mill's moral theory and the problem of preference change. *Ethics*,

McPherson, M.S. 1984: Economics: on Hirschman, Schelling and Sen. *Partisan Review*, 41.

Majumdar, T. 1980: The rationality of changing choice. *Analyse und Kritik*, 2.

Majumdar, T. 1983: *Investment in Education and Social Choice*. Cambridge: University Press.

Mäler, K.-G. 1974: *Environmental Economics: A Theoretical Enquiry*. Baltimore: Johns Hopkins University Press.

Malinvaud, E. 1961: The analogy between atemporal and intertemporal theories of resource allocation. *Review of Economic Studies*, 28.

Marcus, R.B. 1980: Moral dilemmas and consistency. *Journal of Philosophy*, 77.

Marglin, S.A. 1963: The social rate of discount and the optimal rate of investment. *Quarterly Journal of Economics*, 77.

Margolis, H. 1982: *Selfishness, Altruism and Rationality*. Cambridge: Cambridge University Press.

Margolis, J. and Guitton, H. (eds) 1969: *Public Economics*. London: Macmillan.

Marx, K. 1843: *On the Jewish Question*. English translation in McLellan (1977).

Marx, K. 1844: *The Economic and Philosophic Manuscript of 1844*, English translation. London: Lawrence & Wishart.

Marx, K. 1875: *Critique of the Gotha Programme*, English translation. New York: International Publishers, 1938.

Marx, K. 1883: *Capital: A Critical Analysis of Capitalist Production*. Third edition, English translation. London: Sonnenschein, 1887.

Marx, K. and Engels, F. 1845–6: *The German Ideology*, English translation. New York: International Publishers, 1947.

Maskin, E. 1978: A theorem on utilitarianism. *Review of Economic Studies*, 45.

Matthews, R.C.O. 1981: Morality, competition and efficiency. *Manchester School*.

Matthews, R.C.O. 1984: Darwinism and economic change. *Oxford Economic Papers*, 36.

Maynard Smith, J. 1982: *Evolution and the Theory of Games*. Cambridge: University Press.

Meade, J.E. 1976: *The Just Economy*. London: Allen and Unwin.

Mehran, F. 1976: Linear Measures of Economic Equality. *Econometrica*, 44.

Mill, J.S. 1859: *On Liberty*, Reprinted. Harmondsworth: Penguin, 1974.

Mill, J.S. 1861: *Utilitarianism*, Reprinted. London: Collins/Fontana, 1962.

Mirrlees, J.A. 1982: The economic uses of utilitarianism. In Sen and Williams (1982).

Mitra, A. ed. 1974: *Economic Theory and Planning: Essays in Honour of A.K. Das Gupta*. Calcutta: Oxford University Press.

Mookherjee, D. and Shorrocks, A. 1982: A decomposition analysis of the trends in UK income inequality. *Economic Journal*, 92.

Morishima, M. 1964: *Equilibrium, Stability and Growth*. Oxford: Clarendon Press.

Morishima, M. 1982: *Why Has Japan 'Succeeded'? Western Technology Japanese Ethos*. Cambridge: University Press.

Morris, M.D. 1979: *Measuring the Conditions of the World's Poor*. Oxford: Pergamon.

Moulin, H. 1983: *The Strategy of Social Choice*. Amsterdam: North-Holland.

Muellbauer, J. 1974: Inequality measures, prices, and household composition. *Review of Economic Studies*, 41.

Muellbauer, J. 1978: Distributional aspects of price comparisons. In R. Stone and W. Peterson (eds), *Economic Contributions to Public Policy*. London: Macmillan.

Mueller, D.C. 1979: *Public Choice*. Cambridge: University Press.

Musgrave, R.A. 1959: *The Theory of Public Finance*. New York: McGraw-Hill.

Myerson, R.B. 1983: Utilitarianism, egalitarianism and the

timing effect in social choice problems. *Econometrica*, 49.
Nagel, T. 1970: *The Possibility of Altruism*. Oxford: Clarendon Press.
Nagel, T. 1979: *Mortal Questions*. Cambridge: University Press.
Nagel, T. 1980: The limits of objectivity. In McMurrin (1980).
Nagel, T. 1986: *The View from Nowhere*. Oxford: Clarendon Press.
Nelson, R.R. and Winter, S.G. 1982: *An Evolutionary Theory of Economic Change*. Cambridge, Mass.: Harvard University Press.
Newbery, D.M.G. 1970: A Theorem on the Measurement of Inequality. *Journal of Economic Theory*, 2.
Ng, Y-K. 1971: The possibility of a Paretian liberal: impossibility theorems and cardinal utility. *Journal of Political Economy*, 79.
Ng, Y-K. 1979: *Welfare Economics*. London: Macmillan.
Ng. Y-K. 1981: Welfarism: a defence against Sen's attack. *Economic Journal*, 91.

Nitzan, S. and Paroush, J. 1985: *Collective Decision Making: An Economic Outlook*. Cambridge: University Press.
Nozick, R. 1973: Distributive justice. *Philosophy and Public Affairs*, 3.
Nozick, R. 1974: *Anarchy, State and Utopia*. Oxford: Blackwell.
Nozick, R. 1985: Interpersonal utility theory. *Social Choice and Welfare*, 2.
Nussbaum, M.C. 1984: Plato on Commensurability and desire. *Proceedings of the Aristotelian Society*, 85.
Nussbaum, M.C. 1985: Aeschylus and practical conflict. *Ethics*, 95.
Nussbaum, M.C. 1986a: *The Fragility of Goodness: Luck and Ethics in Greek Tragedy and Philosophy*. Cambridge: University Press.
Nussbaum, M.C. 1986b: *The Therapy of Desire*. The Martin Classical Lectures 1986; to be published.
Nussbaum, M.C. 1986c: *Nature, Function and Capability: Aristotle on Political Distribution*. Mimeographed, Brown University.
Nygard, F. and Sandstrom, A. 1981: *Measuring Income Inequality*. Stockholm: Almqvist and Wiksell International.
Olson, M. 1965: *The Logic of Collective Action*. Cambridge, Mass.: Harvard University Press.

O'Neill, O. 1986: *Faces of Hunger*. London: Allen and Unwin.
Osmani, S.R. 1982: *Economic Inequality and Group Welfare*. Oxford: Clarendon Press.
Parfit, D. 1984: *Reasons and Persons*. Oxford: Clarendon Press.
Pattanaik, P.K. 1971: *Voting and Collective Choice*. Cambridge: University Press.
Pattanaik, P.K. 1978: *Strategy and Group Choice*. Amsterdam: North-Holland.
Pattanaik, P.K. 1980: A note on the 'rationality of becoming' and revealed preference. *Analyse und Kritik*, 2.
Pattanaik, P.K. and Salles, M. (eds) 1983: *Social Choice and Welfare*. Amsterdam: North-Holland.
Paul, E.F., Miller, F.D. and Paul, J. (eds) 1985: *Ethics and Economics*. Oxford: Blackwell.
Pazner, E.A. and Schmeidler, D. 1974: A difficulty in the concept of fairness. *Review of Economic Studies*, 41.
Peacock, A.T. and Rowley, C.K. 1972: Welfare economics and the public regulation of natural monopoly. *Journal of Political Economy*, 80.
Peleg, B. 1984: *Game Theoretic Analysis of Voting in Committees*. Cambridge: University Press.
Pen, J. 1971: *Income Distribution: Facts, Theories, Policies*. New York: Praeger.
Perelli-Minetti, C.R. 1977: Nozick on Sen: a misunderstanding. *Theory and Decision*, 8.
Pettit, P. 1980: *Judging Justice: An Introduction to Contemporary Political Philosophy*. London: Routledge.
Phelps, E.S. (eds) 1973: *Economic Justice*. Harmondsworth: Penguin Books.
Phelps, E.S. 1977: Recent developments in welfare economics: justice et équité. In M.D. Intriligator (ed.), *Frontiers of Quantitative Economics*, vol. 3. Amsterdam: North-Holland. Reprinted in his *Studies in Macroeconomic Theory*, vol. 2. New York: Academic Press.
Pigou, A.C. 1952: *The Economics of Welfare*, 4th edition. London: Macmillan.
Pitt, J.C. (ed.) 1981: *Philosophy in Economics*. Dordrecht: Reidel.
Plott, C.R. 1976: Axiomatic social choice theory: an overview and interpretation. *Journal of Political Science*, 20.
Pollak, R.A. 1979: Bergson–Samuelson social welfare functions

and the theory of social choice. *Quarterly Journal of Economics*, 93.

Posner, R.A. 1977: *The Economic Analysis of Law*. Boston: Little, Brown.

Posner, R.A. 1980: A theory of primitive society with special reference to law. *Journal of Law and Economics*, 23.

Putterman, L. 1981: On optimality of collective institutional choice. *Journal of Comparative Economics*, 5.

Putterman, L. 1986: *Peasants, collectives, and choice*. Greenwich, Conn.: JAI Press.

Pyatt, G. 1976: On the interpretation and disaggregation of gini coefficients. *Economic Journal*, 86.

Pyatt, G. 1985: *Measuring Welfare, Poverty and Inequality*, mimeographed. Development Research Department, World Bank, Washington D.C.

Radner, R. 1980: Collusive behaviour in non-cooperative epsilon-equilibria of oligopoplies with long but finite lives. *Journal of Economic Theory*, 22.

Radnitsky, G. and Bernholz, P. (eds) 1985: *Economic Imperialism: The Economic Approach Applied Outside the Traditional Areas of Economics*. New York: Paragon House.

Rae, D. 1981: *Equalities*. Cambridge, Mass.: Harvard University Press.

Ramaswamy, T.N. 1962: *Essentials of Indian Statecraft*. London: Asia Publishing House.

Ramsey, F.P. 1931: *Foundations of Mathematics and Other Logical Essays*. London: Kegan Paul.

Raphael, D.D. 1985: *Adam Smith*. Oxford: University Press.

Raphael, D.D. and Macfie, A.L. 1976: Introduction. In their edited *The Theory of Moral Sentiments*, by Adam Smith. Oxford: Clarendon Press.

Rapoport, A. and Chammah, A.M. 1965: *Prisoner's dilemma: A study in conflict and coopetation*. Ann Arbor: University of Michigan Press.

Rawls, J. 1971: *A Theory of Justice*. Cambridge, Mass.: Harvard University Press.

Rawls, J. 1980: Kantian constructivism in moral theory: the Dewey Lectures 1980. *Journal of Philosophy*, 77.

Rawls, J. 1982: Social unity and primary goods. In Sen and Williams (1982).

Rawls, J. 1985: Justice as fairness: political not metaphysical.

Philosophy and Public Affairs, 14.
Raz, J. 1986: *The Morality of Freedom*. Oxford: Clarendon Press.
Regan, D.H. 1980: *Utilitarianism and Co-operation*. Oxford: Clarendon Press.
Regan, D.H. 1983: Against evaluator relativity: a response to Sen. *Philosophical Public Affairs*, 12.
Richter, M.K. 1971: Rational choice. In Chipman, Richter, Hurwicz and Sonnenschein (1971).
Riley, J. 1986: *Liberal Utilitarianism: Social Choice Theory and J.S. Mill's Philosophy*. Cambridge: University Press in press.
Robbins, L. 1935: *An Essay on the Nature and Significance of Economic Science*, 2nd edition. London: Macmillan.
Robbins, L. 1938: Interpersonal comparisons of utility. *Economic Journal*, 48.
Roberts, K.W.S. 1980a: Interpersonal comparability and social choice theory. *Review of Economic Studies*, 47.
Roberts, K.W.S. 1980b: Price independent welfare prescriptions. *Journal of Public Economics*, 13.
Robinson, J. 1962: *Economic Philosophy*. London: Watts.
Roemer, J. 1982: *A General Theory of Exploitation and Class*. Cambridge, Mass.: Harvard University Press.
Roemer, J. 1985a: Should Marxists be interested in exploitation? *Philosophy and Public Affairs*, 14.
Roemer, J. 1985b: Equality of talent. *Economics and Philosophy*, 1.
Roemer, J. 1986a: Equality of resources implies equality of welfare. *Quarterly Journal of Economics*, forthcoming.
Roemer, J. 1986b: An historical materialist alternative to welfarism. In Elster and Hylland (1986).
Rose-Ackerman, S. 1978: *Corruption: A Study in Political Economy*. New York: Academic Press.
Rosenberg, N. 1984: Adam Smith and the stock of moral capital. Mimeographed, Stanford Univeristy.
Ross, D. ed. 1980: *Aristotle: The Nicomachean Ethics*. Oxford: University Press.
Rothschild, M. and Stiglitz, J. 1973: Some further results in the measurement of inequality. *Journal of Economic Theory*, 6.
Rowley, C.K. and Peacock, A.T. 1975: *Welfare Economics: A Liberal Restatement*. London: Martin Robertson.
Rubinstein, A. 1981: *The Single Profile Analogues to Multiple*

Profile Theorems: Mathematical Logic's Approach. Mimeographed. Murray Hill: Bell Laboratories.

Samuelson, P.A. 1947: *Foundations of Economic Analysis*. Cambridge, Mass.: Harvard University Press.

Samuelson, P.A. 1950: Evaluation of Real National Income. *Oxford Economic Papers*, 2.

Sandel, M.J. 1982: *Liberalism and the Limits of Justice*. Cambridge: University Press.

Sartre. J.-P. 1946: *Existentialisme est un humanisme*, Paris.

Satterthwaite, M.A. 1975: Strategy-proofness and Arrow's conditions: existence and correspondence theorems for voting procedures and social welfare functions. *Journal of Economic Theory*, 10.

Scanlon, T.M. 1975: Preference and urgency. *Journal of Philosophy*, 72.

Scanlon, T.M. 1982: Contractualism and utilitarianism. In Sen and Williams (1982).

Scheffler, S. 1982: *The Rejection of Consequentialism*. Oxford: Clarendon Press.

Schelling, T.C. 1978: *Micromotives and Macrobehavior*. New York: Norton.

Schelling. T.C. 1980: The intimate contest for self-command. *Public Interest*, 60.

Schelling, T.C. 1984: Self-command in practice, in policy, and in a theory of rational choice. *American Economic Review*, 74.

Schick, F. 1984: *Having Reasons: An Essay on Rationality and Sociality*. Princeton: University Press.

Schmeidler, D. and Sonnenschein, H. 1978: Two proofs of the Gibbard–Satterthwaite theorem on the possibility of a strategy-proof social choice function. In Gottinger and Leinfellner (1978).

Schmeidler, D and Vind, K. 1972: Fair net trades. *Econometrica*, 40.

Schotter, A. 1981: *The Economic Theory of Social Institutions*. Cambridge: University Press.

Schotter, A. 1985: *Free Market Economics: A Critical Appraisal*. New York: St. Martin's Press.

Schwartz, T. 1970: On the possibility of rational policy evaluation. *Theory and Decision*, 1.

Schwartz, T. 1976: Choice functions, 'Rationality' conditions, and variations of the weak axiom of revealed preference. *Journal of Economic Theory*, 13.

Schwartz, T. 1981: The Universal Instability Theorem. *Public Choice*, 37.

Schwartz, T. 1982: Human welfare: what it is not. In H. Miller and W. Williams (eds), *The Limits of Utilitarianism*. Minneapolis: University of Minnesota Press.

Schwartz, T. 1986: *The Logic of Collective Choice*. New York: Columbia University Press.

Scitovsky, T. 1941: A note on welfare propositions in economics. *Review of Economic Studies*, 9.

Scitovsky, T. 1976: *The Joyless Economy*. New York: Oxford University Press.

Searle, J. 1980: *Prime facie* Obligations. In Z. van Straaten (ed.), *Philosophical Subjects: Essays Presented to P.F. Strawson*. Oxford: Clarendon Press.

Seidl, C. 1975: On liberal values. *Zeitschrift für Nationalökonomie*, 35.

Seidl, C. 1986: *Poverty Measures: A Survey*. Mimeographed, Graz-Kiel.

Sen, A.K. 1961: On optimizing the rate of saving. *Economic Journal*, 71; reprinted in Sen (1984a).

Sen, A.K. 1966: Labour allocation in a cooperative enterprise. *Review of Economic Studies*, 33; reprinted in Sen (1984a).

Sen, A.K. 1967a: Isolation, assurance and the social rate of discount. *Quarterly Journal of Economics*, 81; reprinted in Sen (1984a).

Sen, A.K. 1967b: The nature and classes of prescriptive judgements. *Philosophical Quarterly*, 17.

Sen, A.K. 1970a: *Collective Choice and Social Welfare*. San Francisco: Holden-Day; republished, Amsterdam: North-Holland, 1979.

Sen, A.K. 1970b: Interpersonal aggregation and partial comparability. *Econometrica*, 38; reprinted in Sen (1982a). A correction, *Econometrica*, 40 (1972).

Sen, A.K. 1970c: The impossibility of a Paretian liberal. *Journal of Political Economy*. 72; reprinted in Sen (1982a).

Sen, A.K. 1971: Choice functions and revealed preference. *Review of Economic Studies*, 38; reprinted in Sen (1982a).

Sen, A.K. 1973a: Behaviour and the concept of preference. *Economica*, 40; reprinted in Sen (1982a).

Sen, A.K. 1973b: *On Economic Inequality*. Oxford: Clarendon Press, and New York: Norton.

Sen, A.K. 1973c: On the development of basic income indicators

to supplement GNP measures. *Economic Bulletin for Asia and the Far East* (United Nations), 24.

Sen, A.K. 1974: Choice, orderings and morality. In Korner (1974); reprinted in Sen (1982a).

Sen, A.K. 1976a: Poverty: an ordinal approach to measurement. *Econometrica*, 46; reprinted in Sen (1982a).

Sen, A.K. 1976b: Real national income. *Review of Economic Studies*. 43; reprinted in Sen (1982a).

Sen, A.K. 1976c: Liberty, Unanimity and Rights. *Economica*, 43; reprinted in Sen (1982a).

Sen, A.K. 1977a: Social choice theory: a re-examination. *Econometrica*. 45; reprinted in Sen (1982a).

Sen, A.K. 1977b: On weights and measures: informational constraints in social welfare analysis. *Econometrica*, 45; reprinted in Sen (1982a).

Sen, A.K. 1977c: Rational fools: a critique of the behavioural foundations of economic theory. *Philosophy and Public Affairs*, 6; reprinted in Sen (1982a).

Sen, A.K. 1979a: Personal utilities and public judgments: or what's wrong with welfare economics? *Economic Journal*, 89; reprinted in Sen (1982a).

Sen, A.K. 1979b: Utilitarianism and welfarism. *Journal of Philosophy*, 76.

Sen, A.K. 1979c: The welfare basis of real income comparisons. *Journal of Economic Literature*, 17; reprinted in Sen (1984a).

Sen, A.K. 1980: Equality of what? In McMurrin (1980); reprinted in Sen (1982a).

Sen, A.K. 1981a: *Poverty and Famines: An Essay on Entitlement and Deprivation*. Oxford: Clarendon Press.

Sen, A.K. 1981b: A positive concept of negative freedom. In E. Morscher and R. Stranzinger, (eds), *Ethics: Foundations, Problems, and Applications, Proceedings of the 5th International Wittgenstein Symposium*. Vienna: Holder-Pichler-Tempsky.

Sen, A.K. 1982a: *Choice, Welfare and Measurement*. Oxford: Blackwell, and Cambridge, Mass.: MIT Press.

Sen, A.K. 1982b: Rights and agency. *Philosophy and Public Affairs*, 11.

Sen, A.K. 1983a: Liberty and social choice, *Journal of Philosophy*, 80.

Sen, A.K. 1983b: The profit motive. *Lloyds Bank Review*, 147; reprinted in Sen (1984a).

Sen, A.K. 1983c: Evaluator relativity and consequential evaluation, *Philosophy and Public Affairs*, 12.

Sen, A.K. 1983d: Economics and the family. *Asian Development Review*, 1; reprinted in Sen (1984a).

Sen, A.K. 1984a: *Resources, Values and Development*. Oxford: Blackwell, and Cambridge, Mass.: Harvard University Press.

Sen, A.K. 1984b: The living standard. *Oxford Economic Papers*, *6*.

Sen, A.K. 1984c: *Consistency, text of Presidential Address to the Econometric Society, to be published in Econometrica.*

Sen, A.K. 1985a: Well-being, agency and freedom: the Dewey Lectures 1984. *Journal of Philosophy*, 82.

Sen, A.K. 1985b: *Commodities and Capabilities*. Amsterdam: North-Holland.

Sen, A.K. 1985c: Rights as goals, Austin Lecture 1984. In S. Guest and A. Milne, (eds), *Equality and Discrimination: Essays in Freedom and Justice*. Stuttgart: Franz Steiner.

Sen, A.K. 1985d: Goals, commitment and identity. *Journal of Law, Economics and Organization*, 1.

Sen, A.K. 1985e: Rationality and uncertainty. *Theory and Decision*, 18; also in Daboni, Montesano and Lines (1986).

Sen, A.K. 1985f: Women, technology and sexual divisions. *Trade and Development*, 6.

Sen, A.K. 1985g: The moral standing of the market. In Paul, Miller and Paul (1985).

Sen, A.K. 1986a: Food, economics and entitlements. Elmhirst lecture, 1985. *Lloyds Bank Review*, 160.

Sen, A.K. 1986b: Adam Smith's prudence. In S. Lall and F. Stewart (eds), *Theory and Reality in Development*. London: Macmillan.

Sen, A.K. 1986c: Social choice theory. In K.J. Arrow and M. Intriligator, (eds), *Handbook of Mathematical Economics*, vol. III. Amsterdam: North-Holland.

Sen, A.K. 1986d: Prediction and economic theory. *Proceedings of the Royal Society*.

Sen, A.K. 1986e: The standard of living. In S. McMurrin, *Tanner Lectures on Human Values*, vol. VII. Cambridge: University Press.

Sen, A.K. 1986f: Information and invariance in normative

choice. In W. Heller, D. Starr and R. Starrett (1986).

Sen, A.K. and Williams, B. (eds) 1982: *Utilitarianism and Beyond*. Cambridge: University Press.

Sen, A.K., with Hart, K., Kanbur, R., Muellbauer, J., Williams, B., and (ed) Hawthorn, G. 1987: *The Standard of Living*. Cambridge: University Press.

Shama Sastry, R. 1967: *Kautilya's Arthaśāstra, Mysore: Mysore Printing and Publishing House.*

Sheshinski, E. 1972: *Relation between social welfare function and the Gini index of inequality. Journal of Economic Theory*, 4.

Shorrocks, A.F. 1980: The class of additively decomposable inequality measures. *Econometrica*, 48.

Shorrocks, A.F. 1983: Ranking income distributions. *Economica*, 50.

Shorrocks, A.F. 1984: Inequality decomposition by population subgroups. *Econometrica*, 52.

Shorrocks, A.F. and Foster, J.E. 1985: *Transfer Sensitive Inequality Measures*. Department of Economics, University of Essex.

Sidgwick, H. 1874: *The Method of Ethics*. London: Macmillan.

Sil, N.P. 1985: Kautilya's Arthaśāstra. Calcutta: Academic Publishers.

Simon, H.A. 1957: *Models of Man*. New York: Wiley.

Simon, H.A. 1979: *Models of Thought*. New Haven: Yale University Press.

Skinner, A.S. and Wilson, T. (eds) 1975: *Essays on Adam Smith*. Oxford: Clarendon Press.

Slote, M. 1983: *Goods and Virtues*. Oxford: Clarendon Press.

Slote, M. 1985: *Common-sense Morality and Consequentialism*. London: Routledge.

Smale S. 1980: The prisoner's dilemma and dynamic systems associated to non-cooperative games. *Econometrica*, 48.

Smart, J.J.C. and Williams, B.A.O. 1973: *Utilitarianism: For and Against*. Cambridge: University Press.

Smith, A. 1776: *An Inquiry into the Nature and Causes of the Wealth of Nations*. Reprinted R.H. Campbell and A.S. Skinner (eds). Oxford: Clarendon Press.

Smith, A. 1790: *The Theory of Moral Sentiments*, revised edition. Reprinted, D.D. Raphael and A.L. Macfie (eds). Oxford: Clarendon Press, 1975.

Solow, R.M. 1980: On theories of unemployment. *American Economic Review*, 70.

Srinivasan, T.N. 1981: Malnutrition: some measurement and policy issues. *Journal of Development Economics*, 8.

Srinivasan, T.N. and Bardhan, P. (eds) 1986: *Rural Poverty in South Asia*, to be published by Columbia University Press.

Starr, R.M. 1973: Optimum production and allocation under uncertainty. *Quarterly Journal of Economics*, 87.

Steedman, I. and Krause, U. 1986: Goethe's Faust, Arrow's possibility theorem and the individual decision taker. In J. Elster (ed.), *The Multiple Self*. Cambridge: University Press.

Steiner H. 1981: Liberty and equality. *Political Studies*, 29.

Steiner, H. 1983: Reason and intuition in ethics. *Ratio*, 25.

Steiner, H. 1986: *Putting rights in their place: an appraisal of Amartya Sen's work on rights*. Mimeographed, University of Manchester.

Stevens, D. and Foster, J. 1978: The possibility of democratic pluralism, *Economica*, 45.

Stewart, F. 1985: *Planning to Meet Basic Needs*. London: Macmillan.

Stigler, G.J. 1975: Smith's travel on the ship of the state. In Skinner and Wilson (1975).

Stigler, G.J. 1981: Economics or ethics? In S. McMurrin (ed.), *Tanner Lectures on Human Values*, vol. II, Cambridge: University Press.

Stigum, B.P. and Wenstop, F. (eds) 1983: *Foundations of Utility and Risk Theory with Applications*. Dordrecht: Reidel.

Strasnick, S. 1976: Social choice theory and the derivation of Rawls' difference principle. *Journal of Philosophy*, 73.

Streeten, P. 1981a: *Development Perspectives*. London: Macmillan.

Streeten, P. 1981b: With S.J. Burki, Mahbub ul Haq, N. Hicks and F. Stewart, *First Things First: Meeting Basic Needs in Developing Countries*. New York: Oxford University Press.

Streeten, P. and Burki, S. 1978: Basic needs: some issues. *World Development*, 6.

Sugden, R. 1981: *The Political Economy of Public Choice*. Oxford: Martin Robertson.

Sugden, R. 1985: Liberty, preference and choice. *Economics and Philosophy*, 1.

Suppes, P. 1966: Some formal models of grading principles. *Synthese*, 6; reprinted in Suppes (1969).

Suppes, P. 1969: *Studies in the Methodology and Foundations of Science*. Dordrecht: Reidel.

Suzumura, K. 1976: Rational choice and revealed preference. *Review of Economic Studies*, 43.

Suzumura, K.·1978: On the Consistency of Libertarian Claims, *Review of Economic Studies*, 45: A correction, 46.

Suzumura, K. 1980: Liberal paradox and the voluntary exchange of rights-exercising. *Journal of Economic Theory*, 22.

Suzumura, K. 1983: *Rational Choice, Collective Decisions, and Social Welfare*. Cambridge: University Press.

Svensson. L.-G. 1977: Social justice and fair distributions, *Lund Economic Studies*, 15.

Svensson, L.-G. 1980: Equity among generations. *Econometrica*, 48.

Svensson, L.-G. 1985: A contractarian approach to social optimum. Mimeographed, University of Lund.

Takayama, N. 1979: Poverty, income inequality and their measures: Professor Sen's axiomatic approach reconsidered. *Econometrica*, 47.

Taylor, C. 1982: The diversity of goods. In Sen and Williams (1982).

Taylor, L. 1977: Research directions in income distribution, nutrition and the economics of food. *Food Research Institute Studies*, 15.

Taylor, M. 1976: *Anarchy and Cooperation*. New York: Wiley.

Temkin, L. 1986: Inequality, *Philosophy and Public Affairs*, 15.

Theil, H. 1967: *Economics and Information Theory*. Amsterdam: North-Holland.

Thon, D. 1979: On measuring poverty. *Review of Income and Wealth*, 25.

Tinbergen, J. 1970: A Positive and Normative Theory of Income Distribution. *Review of Income and Wealth*, 16.

Ullman-Margalitt, E. 1977: *The Emergence of Norms*. Oxford: Clarendon Press.

Usher, D. 1981: *The Economic Prerequisite to Democracy*. Oxford: Blackwell.

Van der Veen, R.J. 1981: Meta-rankings and collective optimality. *Social Science Information*, 20.

Van Praag, B.M.S. 1968: *Individual Welfare Functions and Consumer Behaviour*. Amsterdam: North-Holland.

Van Praag, B.M.S. 1977: The welfare function of income in Belgium: an empirical investigation, *European Economic Review*, 2.

Van Praag, B.M.S. 1978: The perception of welfare inequality. *European Economic Review*, 2.
Van Praag, B.M.S. and Kapteyn, A. 1973: Further evidence on the individual welfare function of income: an empirical investigation in the Netherlands, *European Economic Review*, 4.
Varian, H. 1974: Equity, envy and efficiency, *Journal of Economic Theory*, 9.
Varian, H. 1975: Distributive justice, welfare economics and the theory of fairness, *Philosophy and Public Affairs*, 4.
Vickrey, W. 1945: Measuring marginal utility by reactions to risk. *Econometrica*, 13.
Waldron, J. (ed) 1984: *Theories of Rights*. Oxford: University Press.
Walzer, M. 1973: Political action: the problem of dirty hands. *Philosophy and Public Affairs*, 2.
Walzer, M. 1983: *Spheres of Justice*. Oxford: Blackwell.
Ward, B. 1972: *What's Wrong with Economics?* London: Macmillan.
Watkins, J. 1974: Comment: self-interest and morality. In Korner (1974).
Watkins, J. 1985: Second thoughts on self-interest and morality. In Campbell and Sowden (1985).
Weale, A. 1978: *Equality and Social Policy*. London: Routledge & Kegan Paul.
Weale, A. 1980: The impossibility of liberal egalitarianism. *Analysis*, 40.
Webster, M. 1986: Liberals and information. *Theory and Decisions*, 20.
Weymark, J. 1978: 'Unselfishness' and Prisoner's Dilemma. *Philosophical Studies*, 34.
Weymark, J. 1983: Arrow's theorem with social quasi-orderings. *Public Choice*, 42.
Wiggins, D. 1985: Claims of need. In Honderich (1985).
Williams, B.A.O. 1973a: A critique of utilitarianism. In Smart and Williams (1973).
Williams, B.A.O. 1973b: *Problems of the Self*. Cambridge: University Press.
Williams, B.A.O. 1981: *Moral Luck*. Cambridge: University Press.
Williams, B.A.O. 1985: *Ethics and the Limits of Philosophy*.

London: Fontana; and Cambridge, Mass.: Harvard University Press.

Wilson, E.O. 1978: *On Human Nature*. Cambridge, Mass.: Harvard University Press.

Wilson, E.O. 1980: Comparative Social Theory. In McMurrin (1980).

Wilson, R.B. 1975: On the theory of aggregation. *Journal of Economics*, 10.

Winch, D. 1978: *Adam Smith's Politics*. Cambridge: University Press.

Winston, G.C. 1980: Addiction and back-sliding: a theory of compulsive consumption. *Journal of Economic Behaviour and Organisation*, 1.

Winter, S.G. 1969: A simple remark on the second optimality theorem of welfare economics. *Journal of Economic Theory*, 1.

Wittman, D. 1984: The geometry of justice: three existence and uniqueness theorems. *Theory and Decision*, 165.

Wong, S. 1978: *Foundations of Paul Samuelson's Revealed Preference Theory*. London: Routledge & Kegan Paul.

Woo, H.K.H. 1986: *What's Wrong with Formalization in Economics?* Newark, Cal.: Victoria Press.

Wriglesworth, J. 1982: The possibility of democratic pluralism: a comment, *Economica*, 49.

Wriglesworth, J. 1985: *Libertarian Conflicts in Social Choice*. Cambridge: University Press.

Yaari, M.E. and Bar-Hilell, M. 1984: On dividing justly. *Social Choice and Welfare*, 1.

Young, H.P. 1986: *Fair Allocation*, to be published by the American Mathematical Society.

人名索引

（所标页码为原书页码，即本书边码）

Ackerman，B.A.，阿克曼，74

Adelman，I.，阿戴尔曼，VII，55

Ahluwalia，M.S.，阿鲁瓦利亚，32

Aigner，D.J.，艾格纳尔，32

Aizerman，M.A.，埃泽曼，13，68

Akerlof，G.A.，阿克洛夫，7，17，81

Aldrich，J.，奥尔德里克，51

Allais，M.，奥尔莱斯，69

Anand，S.，阿南德，32，55

Apostel，L.，阿波斯特尔，73

Archibald，G. C.，阿切波尔德，32，49，80

Aristotle，L.亚里士多德，3，6，7，9，46，64，78

Arrow，K.J.，阿罗，34－5，39，40

Atkinson，阿特金森，32，35，49

Aumann，R.J.，阿曼恩，20

Austen-Smith，D.，奥斯丁－史密斯，51

Axelrod，R.，阿克赛罗德，84

Bacharach，M.，巴克拉克，82

Baier，K.，贝尔，16，83

Baigent，N.，贝根特，83

Bardhan，P.，巴德罕，VII，55

Bar-Hilell，M.，巴－希利尔，35

Barker，E.，巴克尔，3

Barnes，J.，巴尼斯，51

Barry，B.，巴利，51

Basu，K.，巴苏，31，51，84

Batra，R.，巴特拉，50

Baumol，W.J.，鲍莫尔，81

Becker，G.S.，贝克尔，18，20

Bell，D.，拜尔，7

Bell，D.E.，拜尔，69

Bentham, J., 本萨姆, 48
Bentley, E.C., 本特利, 1, 6
Bentzel, R., 本赛尔, 32
Berlin, I., 贝林, 32
Bernholz, P., 伯恩霍尔兹, 18, 51
Bezembinder, Th., 贝赛姆宾德, 31
Bhattacharya, N., 巴特克利亚, 32
Bigman, D., 比格曼, 32
Binmore, K., 宾摩尔, 85
Blackorby, C., 布莱克贝, 31, 32, 39, 40
Blair, D.H., 布莱尔, 34
Blau, J.H., 布劳, 39, 51
Blaug, M., 布劳格, 7
Boadway, R.W., 鲍德威, 34
Bobbitt, P., 鲍比特, 65
Bohm, P., 波姆, 36
Bose, A., 布斯, 49
Bouguignon, F., 布尔吉根, 32, 35
Brenkert, G.G., 布莱恩克特, 49
Brennan, G., 布莱奈恩, 24
Breyer, F., 布莱易尔, 51
Brittan, S., 布利坦, 50
Broder, I.E., 布劳德, 32
Broome, J., 布鲁米, 13, 16, 40, 55, 69
Brown, D.J., 布鲁恩, 34
Bruce, N., 布鲁斯, 34
Buchanan, A.E., 布坎南, 49
Burki, S., 伯尔吉, 55

Calabresi, G., 卡拉布利西, 65
Campbell, D.E., 坎贝尔, 76
Campbell, R., 坎贝尔, 82
Campbell, R.H., 坎贝尔, 25
Chakravarty, S.R., 查克拉瓦蒂, 32
Chammah, A.M., 查马赫, 83
Chapman, B., 查普曼, 51
Chatterjee, G.S., 查特吉, 32
Chichilnisky, G., 奇契尔尼斯基, 34, 55
Clark, S., 克拉克, 32
Cohen, G.A., 科恩, 49
Collard, D., 克拉德, 16, 24
Cournot, A., 奥古斯丁·古诺, 6
Cowell, F.A., 考维尔, 32

Daboni, L., 戴波尼, 69
Dasgputa, A.K., 达斯格布塔, 7
Dasgputa, P., 达斯格布塔, 32, 36, 37, 49

d'Aspremont, C., 戴斯布里蒙特, 39, 40
Davidson, D., 戴维森, VII, 17, 31, 69
Dawkins, R., 道金斯, 19
Deaton, A., 狄顿, 32, 63
De Beus, J., 德比尤斯, 73
Debreu, G., 德布利, 13, 34-5
Deschamps, R., 戴斯查姆普斯, 39, 40
Dickens, W.T., 狄更斯, 17
Diwan, R., 迪万, 17
Doel, H.van den, 多尔, 82
Donaldson, D., 唐纳德森 32, 39, 40, 49, 80
Dore, R., 罗纳多·多雷, 19, 20
Douglas, J., 道格拉斯, 17
Dummett, M., 杜迈特, 34
Dutta, B., 杜塔, 32
Dworkin, R., 狄沃尔金, 40, 49, 57, 74
Dyke, C., 戴克, 7, 17

Ebert, U., 埃伯特, 32
Edgeworth, F., 埃奇沃思, 6, 19, 24, 53
Eichorn, W., 艾科恩, 32
Elter, J., 埃斯特, 7, 11, 17, 34, 49, 51, 67
Engels, F. 48
Epicurus, 29

Farrell, M.J., 法利尔, 51
Fei, J.C.H., 费, 32
Feinberg, J., 费恩伯格, 49, 57
Feldman, A., 费尔德曼, 35
Ferejohn, J.A., 费雷琼恩, 51
Fields, G.S., 菲尔兹, 32
Fine, B.J., 芬尼, 31, 51
Finnis, J., 芬尼斯, 67
Fishburn, P. C., 费西伯恩, 13, 34, 67, 68
Fisher, F.M., 费希尔, 32, 35
Fishkin, J.S., 费西金, 48
Fishlow, A., 费西罗, 55
Foley, D., 弗雷, 35
Foot, P., 福特, 63, 77
Forster, J., 福斯特, 32, 51
Fountain, J., 方丁, 51
Frank, R.H., 富兰克, 17
Frankfurt, H., 富兰克福特, 83
Frey, B.S., 弗雷, 20, 57

Friedman, R., 弗里德曼, 50
Frohlick, H., 弗罗赫里克, 17

Gaertner, W., 吉尔特纳, 51
Garcia, J.L.A., 加尔西亚, 77
Gardenfors, P., 加顿弗斯, 51
Gardner, R., 加德纳, 51
Gauthier, D., 戈西尔, 40, 49, 57, 82
Gehrig, W., 戈利格, 32
George, D., 乔治, 17
Gevers, L., 葛威尔, 39, 40
Gibbard, A., 纪伯德, 31, 37, 51, 88
Gigliotti, G.A., 吉格利奥蒂, 51
Gilbert, M., 吉尔伯特, 85
Goodin, R.E., 古丁, 57
Gorman, W.M., 戈尔曼, 33, 63
Gosling, J.C.B., 戈斯林, 40
Gottinger, H.W., 戈廷哥, 34
Graaff, J.de v., 格拉夫, 30, 32
Grant, J.P., 格兰特, 55
Green, E.T., 格林, 51
Green, J., 格林, 36
Greer, J., 格瑞尔, 32
Griffin, J., 格里芬, 31, 40
Grossbard, A., 格罗斯伯德, 18
Groves, T., 格罗夫斯, 37
Guha, A.S., 古哈, 19, 39

Hagen, O., 哈根, 69
Hahn, F.H., 哈恩, 7, 34
Haksar, V., 哈克萨, 57
Hamada, K., 哈马达, 32
Hammond, P.J., 哈蒙德, 31, 32, 35, 37, 40, 50, 51, 67, 88
Hampshire, S., 哈姆希尔, 63
Hansson, G., 汉森, 13, 32, 34
Hardin, R., 哈丁, 82, 84
Hare, R.M., 哈里, 31, 40, 50, 51, 67, 88
Harrison, R., 哈利森, 48
Harsanyi, J.C., 哈萨尼, VII, 30, 40, 47, 50, 51, 88
Hart, K., 哈特, 46
Hawthorn, G., 哈色恩, 46
Hayek, F.A., 哈耶克, 50
Heal, G., 希尔, 34, 36
Heins, A.J., 海恩, 32
Helm, D., 海尔姆, 7, 17, 19, 57
Hemming, R., 海明, 32
Hicks, J.R., 希克斯, 7, 19, 33,

50
Hindess, B., 辛第斯, 17
Hirsch, G., 赫斯克, 16
Hirschman, A. O., 赫希曼, 11, 16, 83
Hirschleifer, J., 赫斯克莱弗尔, 17
Hollander, S., 霍兰德, 24
Hollis, M., 霍利斯, 7, 16, 17, 83
Hurley, S.L., 赫雷, 34, 41
Hylland, A., 海兰德, 34, 51

James, S., 詹姆斯, 57
Jeffrey, R.C., 杰弗里, 31, 83
Jorgenson, D.W., 乔根生, 32, 35

Kahneman, D., 卡纳曼, 69
Kakwani, N., 卡克瓦尼, 32
Kaldor, N., 卡尔多, 32
Kanbur, S. M. (Ravi), 坎伯尔, 32, 46
Kaneko, M., 卡尼克, 31
Kanger, H., 康格, 57
Kanger, S., 康格, 49, 57
Kapteyn, A., 卡普泰恩, 31
Karni, E., 卡尔尼, 51
Kautilya, 考蒂利亚, 5 - 6
Keeney, R.L., 凯内, 69
Kelly, J.S., 凯尔利, 13, 34, 51, 68
Kelsey, D., 凯尔赛, 51
Kern, L., 科恩, 32
Kirman, A., 科曼, 35
Kneese, A.V., 克尼斯, 36
Kolm, S.Ch., 考尔姆, 32, 35
Kornai, J., 科尔奈, 7, 11, 16
Krause, U., 克鲁斯, 7, 11, 17, 67
Kreps, D., 克莱普斯, 84
Krisnhna Rao, M.V., 克利斯赫纳罗, 5
Kristol, I., 克利斯托, 7
Krüger, L., 克鲁格, 51
Kundu, A., 库恩杜, 32
Kurz, M., 库尔兹, 20
Kynch, J., 基恩克, VII, 20

Laffont, J.-J., 拉冯特, 37
Lancaster, K.J., 兰卡斯特, 63
Latsis, S.J., 拉特西斯, 7
Lave, L.B., 拉维, 83
Leacock, S., 里库克, 21
Le Breton, M., 勒布莱顿, 32

Ledyard，J.，勒德亚德，37
Le Grand，J.，勒格兰得，32
Leibenstein，H.，利本斯登，16
Leinfellner，W.，莱恩菲尔纳，34
Lemmon，E.J.，莱蒙，67
Leo Apostel 利奥·阿波斯特尔，73
Letiche，J.，勒蒂奇，00，Vii
Levi，I.，莱维，31，51，63，65，67，68，69
Lewis，D.，莱维斯，85
Lindahl，L.，林戴尔，57
Lindbeck，A.，林德贝克，20
Lines，M.，莱尼斯，69
Lipton，M.，利普顿，32
Little，I.M.D.，李图，30，33，35
Lomasky，L.，洛马斯基，24
Loomes，G.，洛迈斯，69
Luce，R.D，鲁斯，81
Lukes，S.，鲁克斯，49
Lutz，M.，鲁兹，17
Lyons，D.，莱昂斯，88

Maasoumi，E.F.，马索尼，32，35
McClennen，E.F.，麦克莱门，69
McCloskey，D.N.，麦克洛斯基，7
MacCrimmon，K.R.，麦克利蒙，69
McDowell，J.，麦克道尔，41
Macfie，A.L.，麦克菲，22
Machina，M.，麦吉纳，69
McKenzie，L.，麦肯齐，34
Mackie，J.L.，麦基，41，49，51
McLean，I.，麦克林，51
McPherson，M.S.，麦克弗尔森，17，83
Majumdar，T.，麦加姆达，17，83
Mäler，K-G.，梅勒，36
Malinvaud，E.，麦林福德，34
Malthus，T.R.，马尔萨斯，25
Marcus，R.B.，马库斯，63，67
Marglin，S.A.，马格林，81
Margolis，马格利斯，17
Marx，K.，卡尔·马克思，46，48，49
Maskin，E.，马斯金，37，40
Matthews，R.C.O.，马休斯，7，19
Maynard Smith，J.，梅纳德·史密斯，19
Meade，J.E.，米德，32，33，35
Mehran，F.，米赫兰，32
Milgrom，P.，米尔格鲁姆，84
Mill，J.S.，约翰·斯图亚特·穆勒，1，6

Mirrlees, J. A., 米尔利斯, 40, 50, 51
Montesano, A., 蒙特萨诺, 69
Mookherjee, D., 穆克赫尔基, 32
Morishima, M., 莫里希马, 18, 20
Morris, C.T., 莫里斯, 32
Morris, M.D., 莫里斯, 55
Moulin, H., 莫林, 34, 37, 68
Muellbauer, J., 缪尔鲍尔, 32, 46, 63
Mueller, D.C., 缪勒, 51
Musgrave, R.A., 穆斯格拉夫, 55
Myerson, R.B., 梅尔森, 40

Nagel, T., 内格尔, 16, 41, 63, 67, 77
Nell, E.J., 内尔, 16
Nelson, R.R., 内尔森, 7, 19
Newbery, D.M.G., 纽伯利, 32
Ng, Yew-Kwang, 黄有光, 31, 33, 34, 35, 50, 51
Nitzan, S., 尼茨安, 34
Nozick, R., 诺兹克, 31, 49, 50, 51, 56, 71-3, 74
Nussbaum, M. C., 努斯鲍姆, VII, 22, 46, 55, 63, 64, 66
Nygard, F., 奈格德, 32

Olson, M., 奥尔森, 81
O'Neill, O., 奥尼尔, 57
Oppenheimer, J.A., 奥本海默, 17
Osmani, S.R., 奥斯曼尼, 32, 35

Parfit, D., 帕费特, VII, 13, 17, 40, 77, 81, 82, 85, 88
Paroush, J., 帕鲁什, 34
Pattanaik, P. K., 帕塔奈克, 17, 34, 37, 50, 68, 83
Pazner, E.A., 帕兹纳, 35
Peacock, A.T., 皮科克, 51
Peleg, B., 佩雷格, 34, 37, 50, 68
Pen, J., 佩恩, 32
Perelli-Minetti, C. R., 佩雷利-米尼蒂, 51
Pettit, P., 佩蒂特, 49
Petty, W., 配第, 5, 6
Phelps, E.S., 菲尔普斯, 33, 35
Pigou, A.C., 庇古, 40, 55
Pitt, J.C., 皮特, 7
Plott, C.R., 普劳特, 34, 68
Pollak, R.A., 波拉克, 34, 68
Posner, R.A., 波斯纳, 18

Putterman，L.，普特曼，17
Pyatt，G.，皮亚特，32

Quesnay，F.，弗朗西斯·魁奈，6

Radner，R.，拉德纳，84
Radnitzsky，G.，拉德尼兹基，18
Rae，D.，雷蒙德，48
Raiffa，H.，莱伐，81
Ramaswamy，T.N.，拉马斯瓦尼，5
Ramsey，F.P.，拉姆赛，40
Raphael，D.D.，拉菲尔，22，24
Rapoport，A.，拉波特，83
Rawls，J.，约翰·罗尔斯，33，49，57，60，74
Raz，J.，雷兹，50，57
Regan，D.H.，里根，77，88
Ricardo，D.，大卫·李嘉图，6
Richter，M.K.，里克特，12，13
Riley，J.，赖利，51
Robbins，L.，利奥奈尔·罗宾斯，2，30
Roberts，J.，罗伯茨，84
Roberts，K.W.S.，罗伯茨，32，35，39，40
Robinson，J.，罗宾逊，7
Roemer，J.，罗莫，49，51
Rose-Ackerman，S.，罗斯－阿克曼，16
Rosenberg，N.，罗森伯格，24
Ross，D.，罗斯，3，4
Rostow，E.，罗斯托，21
Rothenberg，J.，罗森伯格，35
Rothschild，M.，罗斯希尔德，32
Rowley，C.K.，洛雷，51

Salles，M.，萨利斯，34
Samuelson，P.A.，萨缪尔森，33
Sandstorm，A.，桑德斯多姆，32
Satterthwaite，M.A.，萨特斯维特，37
Scanlon，T.M.，斯坎龙，40，41，55
Scheffler Samuel，S.，斯奇福勒·萨缪尔，VII，76
Schelling，T.C.，谢林，7，11，16，69，83
Schick，F.，希克，17，83
Schmeidler，D.，施梅德勒，35，37
Schotter，A.，斯考特，17，19，51
Schwartz，T.，施瓦兹，13，34，

51，55，68
Scitovsky，T.，西托弗斯基，11，16，33
Searle，J.，希尔利，63，67
Seidl，C.，赛德尔，32，51
Shama Sastry，R.，莎马萨斯特利，5
Sheshinski，E.，谢辛斯基，32
Shorrocks，A.F.，肖罗克斯，32
Sidgwick，H.，赛德威克，19，50
Siegel，S.，赛格尔，69
Sil，N.P.，西尔，5
Simon，H.A.，西蒙，7，11
Skinner，A.S.，斯金纳，24，25
Slesnick，D.T.，斯莱斯尼克，32，35
Slote，M.，斯罗特，40，67，76
Slovik，P.，斯罗维克，69
Smale，S.，斯迈尔，84
Smart，J.J.C.，斯马特，51
Smith，A.，亚当·斯密，2，6，7，21，22－8，46，87－8
Smith，T.E.，82
Solow，R.M.，索洛，17
Sonnenschein，H.，索嫩沙伊恩，37
Sowden，L.，索诺登，82
Srinivasan，T.N.，斯利尼瓦桑，32
Starr，R.M.，斯塔尔，40
Starrett，D.，斯塔利特，32
Steedman，I.，斯蒂德曼，7. 11，17，67
Steiner，H.，斯坦纳，61，63，67，73，76
Stevens，D.，斯蒂温斯，51
Stewart，F.，斯图尔特，55
Stigler，G.，施蒂格勒，17，18，19，22
Stiglitz，J.，斯蒂格利茨，32
Stigum，B.P.，斯蒂古姆，69
Strasnick，S.，斯特拉斯尼克，40
Streeten，P.，斯特威登，32，55
Stromberg，J.O.J.，斯多姆伯格，32
Sugden，R.，苏格登，50，51，69
Suppes，P.，苏佩斯，30，69
Suzumura，K.，苏阻莫拉，13，31，34，35，51，68
Svensson，L-G.，斯文森，35

Takayama，N.，塔卡雅马，32
Taylor，C.，泰勒，63
Taylor，L.，泰勒，32

Taylor, M., 泰勒, 82, 84
Temkin, L., 泰姆金, 32
Theil, H., 泰伊尔, 32
Thon, D., 托恩, 32
Thorbecke, E., 托尔伯克, 32
Tinbergen, J., 丁伯根, 32
Trannoy, A., 特拉诺伊, 32
Tullock, 图洛克, 50
Tversky, A., 特维尔斯基, 69

Ullman-Margalit, E., 乌尔曼－马格里特, 16, 85
UlPh, D., 乌尔弗, 32
Uriarte, J.R., 乌利亚特, 32
Usher, D., 厄舍尔, 50, 57

Van Acker, P., 范阿克, 31
Van der Veen, R.J., 范德温, 17, 83
Van Parijs, P., 73
Van Praag, B.M.S., 范普莱格, 73
Varian, H., 瓦利安, 35
Vickrey, W., 维科里, 47
Vind, K., 温德, 35

Waldron, J., 瓦尔德龙, 49
Walras, L.瓦尔拉斯, 4, 6
Walzer, M., 瓦尔泽, 48, 67
Ward, B., 沃德, VII, 7
Watkins, J., 瓦特金斯, 82, 85
Weale, A., 威尔利, 48, 51
Webster, M., 韦伯斯特, 51
Wenstop, F., 温斯托普, 69
Weymark, J., 魏马克, 32, 40, 57
Wiggins, D., 威金斯, 41, 49, 57
Williams, B.A.O., 贝纳德·威廉姆斯, VII, 2, 15, 40, 41, 46, 51, 63, 66, 69, 74, 76, 82
Wilson, E.O., 威尔逊, 19
Wilson, R., 威尔逊, 84
Wilson, T., 威尔逊, 24
Winch, D., 温切, 24
Winston, G.C., 温斯顿, 17
Winter, S.G., 温特, 7, 19, 80
Wittman, D., 魏特曼, 39
Wong, S., 17
Woo, H.K.H., 7
Wriglesworth, J., 里格斯沃斯, 51

Yaari, ME., 雅里, 35

名 词 索 引

（所标页码为原书页码，即本书边码）

Achievement vis-a-vis freedom，成就与自由，47－8，60－1，70－3

Agamemon's dilemma，阿伽门农的困境，66－70

Agency vis-a-vis well-being，主观能动与福利，40－1，43－5，58－61

Agent relativity of action judgments，行动判断的行为主体相对性，77－8

Aristotle's *Politics* and *Ethics*，亚里士多德的政治学和伦理学，3，4，6，9－10，46，64

Arrow's 'impossibility theorem'，阿罗的"不可能定理"，34，64－5

Basic needs，基本需要，55

Behaviour and ethics，行为与伦理学，1－2，3－4，15－18，18－20，24－5，28，29，51－3，54－5，78－9，84－8，89

Buridan's ass，布利丹的蠢驴，67－8

Capabilities and functionings，能力和机能，42，46，47－51，56－7，60－1，63－4，74－5

Choice，选择，44－5，46，47，60－1

Class，阶级，19－20，37－8，85－8

Compensation tests，补偿实验，33

Conduct，行为，18－20，24－5，52－5，57，68－70，79，81－3，85－8，88－9

Consequential analysis，结果分析，10，39－40，70－3，74－8，88

Consequentialism，结果主义，39，74，75－8，88

Consistency，一致性，12－15，65－8，68－70

Contract，合约，23－5，82－8

Correspondence rationality，一致理性，13－15

Deontology，义务论，56，71－3，74－8，84－5，88－9

Distributional judgments，收入分配的判断，20，30－1，32，33，35－8，39，46，48，72

Efficiency，效率，8－9，18－19，21，27－8，31－8，38－40，48，49－50

Engineering aspects of economics，经济学的工程方面，4－7，8－9，9－10，50，71－3，74，78－9

Entitlement system of rights，Nozick's，诺茨克的权利体系，56，71－3

Entitlement failures，权利失效，8－9，26－7，72－3

Environment，环境，36，53

Ethical aspects of economics，经济学的伦理方面，1－2，3－4，6，7，29，30－1，38，40，43－4，45－7，49－51，56－7，74－7，78－9，81－8，88－9

Ethical egoism，伦理自利主义，15，51－6

Ethics，lessons from economics，经济学对伦理学的影响，9－10，45－7，56－7，62－5，67－8，69－70，71－3，74－7，78，82－7，88－9

Evolution and natural selection，进化和自然选择，18－20，85－8

Exchange and advantage，交换和利益，23－5，26，28，34－8

Externalities，外部性影响，34，36－7，53，88－9

'Fairness' criteria，公平准则，35－6

Famines，饥荒，8－9，25，26－7

Freedom，自由，47－51，56－7，58－61，64，70－3，74－5

Functionings，机能，见能力和机能

'Fundmental theorem of welfare economics'，“福利经济学基本定理”，34－8，52－5

Games-theoretic problems，博弈论

问题，70，81－8

General equilibrium theory，一般均衡理论，8－9，34－8，51－5，71－3

Goal-rights systems，目标—权利体系，70－3，74－5，77

Goals and actions，目标和行动，15－22，22－8，40－5，73，74－5，80－8，89

Group loyalty，团体忠诚，19－21，84－8

Happiness and desire-fulfilment，幸福和欲望满足，30，40，42，43－4，45－7

Incentives，激励，8－9，18－19，20，21－5，27－8，34－5，36－7，51－5，79，80－8，89

Incompleteness，不完备性，65－8，68－70，86－7

Indirect utilitarianism，间接功利主义，50，88

Industrial relations，产业关系，18－20，70，83－8

Inequality，不平等，20，26－7，30－1，31－3，35－6，37－8，46，48，55

Instrumental considerations，工具考虑，10，13－14，49，74－5，83，84－8，89

Instrumental rationality，工具理性，13－14

Interpersonal comparisons of well-being，个人之间的福利比较，30－1，33，35－6，38－9，45－7，58

Intrinsic value，co-exstence with instrumental role，内在价值与工具作用共存，73，74－5

‘Japanese ethos’，“日本民族精神”，18－9，20－1

Kautilya’s *Arthaśāstra*，考蒂利亚的《利论》，5－6

Liberty，自由，42，47－9，50－1，54－5，56－7，60－1，72－3

Living standards，生活标准，46，55，59－60，63－4

‘Merit wants’，“积德的愿望”，55

Metarankings，变异排序，82－3
Misfortune and utlity，不幸与效用，45－7
Motivation，动机，1－2，3－4，8，10－12，14，15－22，22－8，29，51－5，80－8

Negative freedom，消极的自由，56－7，71－3，74－6
Noncommensurability，非公度性，62－3
Norms of behaviour，行为规范，7，18－20，27－8，81－8，89

Objectivity and valuation，客观性和评价，41－2
Overcompleteness，过度完备性，66－7，68－70，86－7

Pareto optimality and welfare economics，帕累托最优和福利经济学，31－40，48，49－50，82－8
Pareto optimality，critique of adequacy，帕累托最优，不充分性批判，31－3，35
Pareto optimality，critique of necessity，帕累托最优，必要性批判，38－40，40－1，43－5，45－7，51
Partial interpersonal comparability，个人之间的部分可比性，31
Partial orderings，部分排序，66－8，70，86－7
Pluralism and ethics，多元主义和伦理学，24，48，61－5，65－70
Position relativity in the evaluation of states of affairs，事情状态评价中的立场相对性，76－8
Poverty，贫困，25－7，32，46
Prisoners' Dilemma，囚徒困境，81－8
Productivity and incentives，生产力和激励，18－20，23，34－7，70，82－3，84－8
Prudence and self-interest，精明和自利，22－5
Public goods and efficiency，公共物品和效率，36－7

Quality of life，生活质量，3，46－7，63－4

Rational behaviour，理性行为，10 - 22，61 - 5，65 - 70，80 - 8

Rationality and consistency，理性和一致性，12 - 15，65 - 8，69 - 70

Rationality and self-interest，理性和自利，15 - 22，22 - 8，51 - 5，80 - 8

Refined functionings，完善的机能，60 - 1

Rights，权利，47 - 51，56 - 7，70 - 2，74 - 8

Rules of behaviour，规则和行为，27 - 8，83，85 - 8

Self-interest and human behaviour，自利和人类行为，15 - 28，51 - 5，56，80 - 8

Self-interested behaviour factorized，自利行为因素分解：

self-centred welfare，自我中心福利，80 - 1，82

self-welfare goal，自我福利目标，80，82 - 3

self-goal choice，自我目标选择，80，81 - 8

Smith and the Stoics，亚当・斯密和斯多葛主义者，22 - 4

Smith's critique of Epicurus，亚当・斯密对伊壁鸠鲁学说的批判，24

Smith's view of human behaviour，亚当・斯密的人类行为观，21，22 - 8，87 - 8

Social choice theory，社会选择理论，34，35，39，40，50 - 1，64 - 5，67 - 8，73，77 - 8

Sociobiology，社会生物学，18 - 20，85 - 8

Starvation：'pull failure' and 'response failure'，饥饿："拉动缺陷"和"反应缺陷"，26 - 7

Tragic choices，悲剧性选择，65，66 - 8，68 - 9

Uncertainty and rationality，不确定性和理性，13 - 15，69 - 70，80，84 - 5

Utilitarianism，功利主义，24，30 - 1，38 - 40，40 - 51，72，76，88

Utility，效用，14，38 - 9，40，43 - 4，45 - 7，72

Valuing and value，评价和价值，41－3，46－7

Welfare economics，福利经济学，2，28，29，30－8，38－42，43－7，47－51，51－5，57，58－61，78－9，88－9

Welfare-economic influences on predictive economics，福利经济对预测经济学的影响，29，51－5，80－8，89

Welfarism，福利主义，38－40，40－1，43－5，45－7，47－50，51，54－5，72，74－5，88

Well-being，福利，40－2，43－5，45－7，58－61，63－4，80－1

Women and sex bias，妇女和性别歧视，20，46

图书在版编目(CIP)数据

伦理学与经济学/(印)阿马蒂亚·森著;王宇,王文玉译.—北京:商务印书馆,2017
(汉译世界学术名著丛书:120年纪念版:珍藏本)
ISBN 978-7-100-14113-0

Ⅰ.①伦… Ⅱ.①阿… ②王… ③王… Ⅲ.①伦理学—关系—经济学—研究 Ⅳ.①B82-053

中国版本图书馆CIP数据核字(2017)第138583号

汉译世界学术名著丛书
(120年纪念版·珍藏本)
伦理学与经济学
〔印度〕阿马蒂亚·森 著
王宇 王文玉 译

商 务 印 书 馆 出 版
(北京王府井大街36号 邮政编码100710)
商 务 印 书 馆 发 行
南京爱德印刷有限公司印刷
ISBN 978-7-100-14113-0

2017年12月第1版 开本710×1000 1/16
2017年12月第1次印刷 印张9
定价:58.00元